ひとりも
殺させない

それでも生活保護を否定しますか

don't let anyone die

藤田孝典
Takanori Fujita

堀之内出版

はじめに

あなたは、貧困による「死」と向き合ったことがありますか。

わたしは、その場に立ち会ったことがあります。

夏の暑い日でした。突然、アパートの大家さんから電話がありました。部屋の中から強烈なにおいがするとのこと。このアパートの部屋には、生活困窮者の方が生活していました。わたしはＮＰＯの活動で、このアパート契約の手続きを支援していたのです。

急いでアパートに向かうと、部屋に入る前から、これまでに経験したことのない悪臭が漂ってきます。ドアの隙間からはハエが何匹も出入りしています。

不動産屋さんが合鍵をもってきて、慎重にドアを開きました。

待ち受けていたのは虫の嵐です。ハエの大群が勢いよく飛び出し、同時に、むせ返るような不快なにおいが、あたり一面に充満しました。

無数のハエが飛び去ったあと、部屋の隅に横たわっていたのは、ミイラと人間のあいだと言うような、真っ黒になった遺体でした。おう吐物、汗や体液、便が体中から染み出して、床に広がっています。凄惨な光景でした。

これが、何十年も生きてきた一人の人間の「死」の現場なのか。彼は誰にも看取られずに死を迎え、そして人としての容姿を留めなくなるまで、誰にも気づかれなかったのです。

ここ数年、孤立死が新聞やＴＶで頻繁に報道されています。しかし、その現場の悲惨さは、紙面や当たり障りのない映像だけでは、ほとんど伝わることはありません。実際には、その一件一件が目を覆いたくなるほどに壮絶です。これは人間の、人としての「死」ではない。わたしはそう思います。

残念ながら、近年こうして亡くなる人たちは増えていると感じます。

いったい、なぜでしょうか。

その一つの理由は、金銭的な貧困です。生活するのにギリギリのお金しか持てない人が増え、ある人は飢えや寒さで亡くなり、またある人は将来を悲観して自分から命を絶っています。

二〇一二年、お笑い芸能人の家族の「不正受給」報道をきっかけに、生活保護に対する批判が広がり、制度の改革にまで波及しています。ところが、報じられていた生活保護のイメージは、貧困の実態や制度についての、根本的な誤解にもとづいたものばかりでした。

その誤解の一つが「生活保護受給者は恵まれている」というものです。この考えにもとづいて、生活保護の支給額の切り下げがすすめられようとしてます。

しかし、問題は生活保護の支給額の高さではありません。生活保護を受給できるはずの低所得の人たちが、生活保護を受給できていないことです。

生活保護を受給すべき所得水準の人のうち、受給できている人の割合を捕捉率と言いますが、日本ではその捕捉率が厚生労働省の調査で二〜三割、生活保護問題対策全国会議による研究者の調査では一五％程度と言われています。七〜八割程度の人たちが、保護を受けられるのに、貧困や低賃金の労働を耐えているということになります。

生活保護制度は、それほど機能していないと言えます。この本でも紹介しますが、孤立死した人たちには、生活保護の相談窓口を追い払われ、保護を受けられなかったという残酷なケースも多々あります。いわば、行政が孤立死を見捨ててきたのです。

ところが、孤立死をもたらすのは、金銭的な貧困だけではありません。

厚生労働省の調査によると、生活保護受給者の自殺率は、日本全体の二・二倍にのぼります（二〇一〇年）。生活保護を受けている人のほうが、受けていない人よりも自殺する割合が高いのです。

「お金があるのになぜ？」「恵まれているはずなのになぜ？」と思う人もいるかもしれません。

しかし、この疑問の根っこには、「最低限のお金さえあれば、人は生きていけるだろう」「お金さえあるなら、あとは自分の責任で生きていくべきだ」という固定観念があります。はっきり言って、これは、貧困の現実を知らない人の考えです。

もちろん、お金がなくては人は生きられません。

同時に、お金だけでも人は生きられません。

うつ、障害、依存症、そして孤独――。貧困状態によってもたらされる困難の数々は、お金だけで解決できるものではありません。わたしは貧困に苦しむ人たちと接してきた一〇年間、ひたすらこのことを学んできました。悔しいことに、生活保護を受けられずに、あるいは生活保護を受けていたにもかかわらず、それらによって命を落としてしまった人たちの名前を、わたしはいくつも知っています。貧困の現実は、人間の考え方や行動、生きかたを、マイナスの方向に大きく歪めてしまうのです。

では、孤立死せずに生きていけるようにするためには、どうしたらよいのでしょうか。

そのためには、現在の生活保護のありかたが変わらなくてはいけないと、わたしは強く思っています。支援を受けられていない、支援が足りていない彼らを支えるためにこそ、生活保護制度や社会保障のしくみを変えなくてはいけないのです。

貧困や生活保護の問題は、一部の「かわいそうな人」の話だと思っている方も多いでしょう。しかし、わたしが出会ってきたホームレスの人たちは、最初からホームレスだったわけではありません。ほんの数年、数か月前まで、自分がホームレスになるなんて思ってもみなかったと言います。大企業をリストラされたという境遇の方も少なくありません。

仕事も、お金も、家族も、友人も、自分の健康や自信までも失ったとき、誰か支えてくれる人はいるのか。支えてくれる制度はあるのか――。わたしにも、あなたにとっても、それは将来のことかもしれないのです。

こうした心配をよそに、生活保護のあり方が大きく変わろうとしています。そこには、これまでの貧困政策の不十分さを補おうという方向性と、貧困の現実から目を背けようとする方向性が、入り混じっています。それを見極めるには、現場の視点が不可欠です。そしてそれは、センセーショナルで断片的な「不正受給」叩きの視点ではなく、地道で、長期的な当事者支援の視点でなければいけません。わたしは、その現場のことをより多くの人に知ってもらいたいのです。

簡単に、この本の構成についてご説明します。

この本の1章では、わたしが普段おこなっているNPOの活動の紹介します。おそらく、こうしたNPOの活動をご存じのかたは少ないのではないでしょうか。また、一大学生にすぎなかったわたしが、なぜ生活保護やホームレス支援の活動にかかわるようになったのかという経緯についてもお話しします。生活保護や貧困の問題が、身近な問題であることを知ってもらえればと思います。

2章では、生活保護制度や受給者に対する批判が強まっていることへの反論を述べます。とくに「不正受給」として報道されている問題は、制度や現場の実態を踏まえないで語られているものばかりです。しかし、「不正」の現実の多くは、受給者の責任ではなく、むしろ生活保護の支援の不足にもとづくものです。わたしがこれまで支援してきた人たちの実例をもとに、そのことを明らかにしていきたいと思います。

3章では、冒頭でお話ししたような孤立死の実態や、それらを見てきて、私がどのようにホームレスの人たちの「死」をとらえているかをお話しします。

4章では、わたしたちの取り組みの中心であると同時に、生活保護改革の一つの柱でもある自立支援のありかたをめぐって、ほんとうに必要な支援とは何なのかを論じようと思います。

単に働かせればいいというのではなく、支援の質こそが問われなくてはなりません。そのカギを握る「ソーシャルワーク」による支援について、詳しく説明します。

5章では、現在進められている生活保護改革全般、そして社会保障改革について、制度的な反論、そして提案をしたいと思います。同時に、これまでの社会福祉の取り組みや貧困運動が抱えていた課題も明らかにして、わたしたちがこれからどのような取り組みをすべきなのかについても、意見を述べたいと思います。

6章では、本書のしめくくりにあたって、とくにこれからの社会を担っていく、わたしと同世代や、さらに下の世代に向けて、これからの新しい社会福祉をつくっていくためのよびかけをしています。

もうこれ以上、貧困によって人を殺させないために、どうすればいいのか。ほんとうの意味で、貧困から自立できるようにするために、どのような考え方が、しくみが必要なのか。わたしが一〇年間の支援のなかで考え、取り組んできたことを、この本をつうじて、少しでも多くの人にお伝えできればと思います。

ひとりも殺させない　それでも生活保護を否定しますか［目次］

1

すぐそばにあった貧困

なぜわたしは支援をはじめたのか

まず、この本を書いているわたしがどういう人間なのか、少しご説明しておきたいと思います。

一九八二年生まれで、二〇一二年に三〇歳になりました。大学生の頃にホームレスの方を支援するボランティアに参加し、それがきっかけで貧困問題に取り組むようになりました。いまは自分で立ち上げたNPO法人ほっとプラスの代表理事をしています。

NPO法人ほっとプラスは、社会福祉士（注1）という資格をもったメンバーで運営しています。これは、専門的な支援をするために資格が必要だからです。年間約三〇〇名、生活困窮状態にある方の相談支援を、埼玉県内で行っています。もともとのきっかけはホームレス状態にある人の相談を受けることでしたが、いまは相談相手の対象をひろげ、その方の抱えている困難に合った支援を提供することにチャレンジしています。

日々寄せられる相談はさまざまです。いまから自殺したいんだという人。ホームレス状態にあるという人。虐待を受けて逃げている人。売春を強要されている女性。今日、刑務所から出てきたけれど、どう生活してよいのかわからないという人。生活に関わることについて、老若男女、理由は何でもありです。どんな人も見殺しにしない。そのための取り組みを毎日続けています。

支援活動の内容は、まず住まいの提供です。住む場所がないという状態で駆け込んでこられる方たちが日々来られます。相談者のうち、八割程度は家がなかったり、家があっても安心して居られる場所がなかったりして、住居が不安定な方です。そういう方たちにシェルター（注2）を提供したり、弁護士や司法書士と連携をして、役所への手続きや届け出などをお手伝いしたりしています。これをソーシャルサポートネットワークといって、あらかじめ、さいたま市の地域のなかでわたしたちが築いてきた関係性を通じて援助しています。このネットワークは不動産業者や、議員なども携わっています。

家屋にするシェルターを提供するためには、経営も必要です。社会的企業（注3）という取り組みをして、自分たちでシェルターを経営しています。そのため、わたしたちの活動は、貧困者を対象にして儲けているのでは、という誤解を何度も受けてきました。

ほっとプラスは営利団体ではありません。しかし、支援活動や住宅提供には最低限の費用がかかります。相談支援活動は、寄付や会費を中心に運営しています。

一方で、シェアハウスや支援付き住宅の提供は、利用者の方から四万五〇〇〇円～四万七〇〇〇円円程度の利用料をいただき、運営しています。年金が支給される方や生活保護の住宅扶助が支給される方は、そのなかから負担してもらう形態です（図1参照）。

しかし、将来的には、生活困窮者や生活保護受給者の自立支援の予算が別枠で位置づけられるべきであると思っています。

救いたい人たちが、まだたくさんいるなかで、十分に活動できているか。まだ歯がゆい日々、反省しながらの毎日ですが、相談がある限り、わたしたちは支援の手を休めるわけにはいきません。

ふつうの大学生がホームレスに出会うまで

わたしがこうした活動をはじめるに至った経緯についても、お伝えしたいと思います。大学に入るまで、わたしは貧困問題について、全く関心を持ってきませんでした。当時は「就職氷河期」時代で、社会がこれだけ不景気ななか、自分はちゃんと就職して生活していけるだろうか、という漠然とした不安だけはずっとありました。そんな、どこにでもいる一九歳でした。

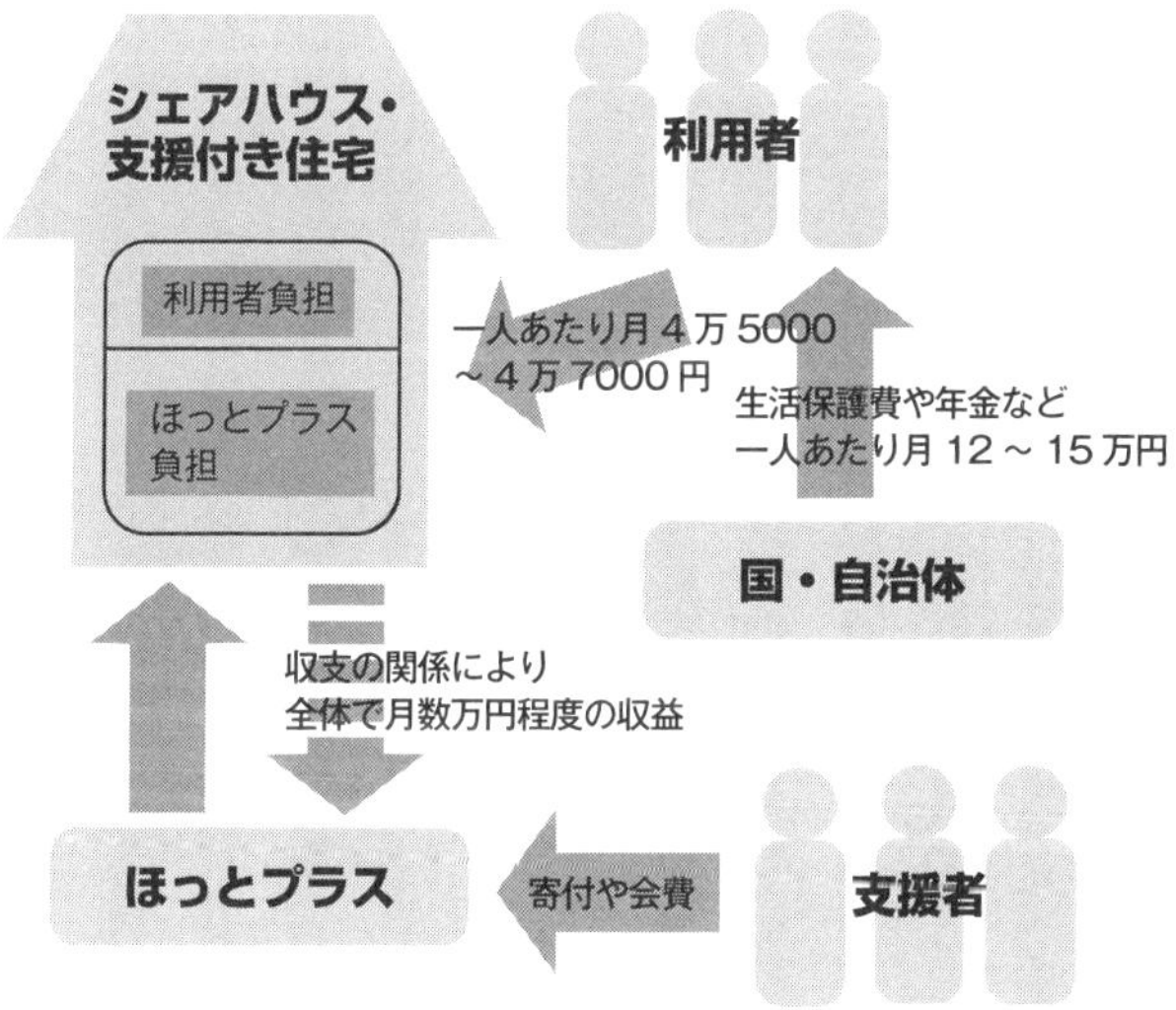

図1　ほっとプラスにおける住宅支援事業の形態

大学では社会福祉コースという専攻に進みます。就職に対する不安があって、「手に職をつけないと今の時代はわたっていけない」と考えていたので、大学を出て、介護福祉士の資格を取ろうと思っていたのです。

介護の仕事を選んだのは、人に関わる仕事をしたかったからです。介護に興味をもったのは、おばあちゃん子だったせいでしょう。おばあちゃんに介護が必要になったときのためにと、必要な勉強のかたわら、高齢者入浴介助のアルバイトをしました。

そこで、高齢者介護の分野が非常にずさんであることを目の当たりにします。ヘルパーも、ちゃんとした労働環境で働いているとは思えませんでした。家族以外の人に介護される状況になると、あまりいい介護は受けられないのか。そんな印象をもちました。そこで、自分がある程度の介護技術をもって、ちゃんとした介護事業の支援の専門家になっていければ、と考えるようになりました。

また、人と関わる仕事を選んだ理由は、大量生産して大量消費する社会に、子どものころから違和感があったためだと思っています。父親が会社員なのですが、勤めている企業は、モノをたくさんつくって、たくさん消費させることで成り立っています。食べ物も大量に輸入して、大量につくって、でも大量に捨てている。その行為じたいがどうなのか、いまの社会に対する疑問を少し覚えたのです。父親をたいへん尊敬しています。しかし、わたし自身がそういう仕事に向いているか、やりがいをもってできるのだろうか。こういう疑問をもったこともあって、人と直接かかわる仕事に就きたいと思っていました。

大学に入って社会福祉を勉強していると、授業では公的扶助（注4）や社会保障制度など、どんな人でも制度によって守られているという話を何度も聞かされます。けれど、たまたまホームレスの人と出会って、関わりを持つなかで、まったく公的扶助と社会保障が機能していないということに気づかざるをえなくなりました。そこで、貧困問題に関心が動いたんです。

きっかけは、自転車事故だった

介護からホームレス支援に携わることになったきっかけは、大学生のころに出会ったホームレスの人でした。そして、これがわたしがホームレスの人と接触した、はじめてのことでもあります。

出会いは偶然も偶然です。アルバイトの帰りに、中年の男性に自転車でぶつかってしまったんです。

「すみません」とこちらが平謝りをすると、「あー、いいよ」という穏やかな答えが返ってきました。そこから会話がはじまりました。さすがに後ろめたく思い、「怪我したかもしれないから、おうちまでお送りしましょうか」と申し出ると、彼は「もう、うちないからね」と答えたのです。

帰る家がない？　とっさに「え、どういうことですか」と口にした瞬間、はじめて彼がホームレスだということに気が付きました。見た目はふつうのおじさんです。一目見ただけでは、よくイメージされるような、そうとわかる風貌ではありませんでした。

貧困状態にある人には、本当にいろんな人がいるんだということに気づいたのは、そのときからです。わたしがそれまで考えていたホームレスというイメージも、大きく変わりました。

当時のわたしは、まだ子どもですから、社会のことも全然わかっていませんでした。不況だとか、就職難だとか、そういうことを漠然と知っていても、貧困や、社会保障の実態については知りませんでした。大学で学んでいるテキストを読んで、ああ、こんなふうに社会はうまくいっているのかと思い込んでいたのです。

出会ったその人――わたしは「おっちゃん」と呼んでいました――は、ホームレスになる前は、銀行の支店長をしていたと言っていました。五〇代半ばくらいで、わたしの父親と年齢が

民家のすぐそばに、ホームレスの人たちが住む廃車が並ぶ。

ほとんど同じ。そこそこの給与を得て、家庭をもっていたそうです。

話をしていると、ますますわたしの父親とシンクロします。それなら尚更、なんでその人が、テントを張って道路の脇で生活しなければいけない状況になっているのか。当然、家庭にも影響があるのだろうということはうすうす感じていました。

いろんな話をしました。大学生の子どもが二人いて、教育費がかかるということ。日本の教育費は本当に高額です。幼少期からだと総額一千万円を超えるくらいかかります。わたしは、大人の人と生活やお金のことについて話したのも、これがはじめてでした。

そうして話しているうちに、わたしが大学で勉強してきて、うまくいっているものと思っていた社会構造が否定されていくのを感じました。

彼は、家族を養うためにがんばって働いていたのですが、過労気味で働いていたことが原因でうつになってしまい、そのためにリストラされてしまったそうです。五〇代半ばになって、精神的にも病気を抱えた状態では、次の就職先も見つかりません。さすがに家族も支援しきれなかったそうです。

そのとき、ふと大学で学んだ知識が思い当たり、質問をしてみました。

「だったら労災保険がありますよね。なんで申請しなかったんですか」

いま思えばもっと丁寧な聞き方をすべきだったのですが、直球の問いかけにも、おっちゃんは親切に答えてくれました。

「いやそんなの理論上の話だよ、理屈上はそうなっているけれど」

「失業保険や労災保険なんか出ない」

「申請なんかさせてもらえないよ」

いま存在している制度も活用されてない、させてもらえない、会社という組織はいったい何なんだろうと怒りが湧いてきました。

そして、これも大学で学んだ知識で尋ねました。

「生活保護は、どうして請求しなかったんですか」

すると、おっちゃんは「窓口で、若いからって追い返されるんだよ」と言います。公的な機関も当てにできないのです。

ごくふつうの人が、ふつうに働いて、ふつうにご飯を食べて、ふつうに家庭をもち、ふつうに子どもを養う。それは、ふつうに生きていればできる、当たり前のことだとわたしは思っていました。ところが、その常識は、あっさりとひっくり返されました。

仕事を頑張りすぎることができなければ、子どもに十分な教育を与えることができない、高すぎる日本の教育費の相場。そうして無理をしたことで体調を崩すと、会社から脱落させられてしまう労働の現場のしくみ。そうして脱落した人たちをセーフティネットとして支えるはずなのに、機能していない公的な制度。ふつうに生きていたはずなのに、社会から裏切られてしまう人生があるなんて、まったく予想もしていませんでした。

これは、社会のしくみから外れてしまった、このおっちゃんのせいなのだろうか。それは違う。そもそも社会構造に問題があるんじゃないか。ホームレス問題を生み出している背景には労働問題や福祉の問題もあるし、それらが複合的にからみあって、その結果としてホームレスの人が現れてくるんじゃないか。わたしは、そう思いはじめました。それと同時に、社会福祉は何をしなければならないのか、深く悩んでしまいました。

交流を始めてから三か月くらいが経ったころ、おっちゃんは突然いなくなりました。いつもの道路脇に行くと、おっちゃんのテントが撤去されていたのです。一〇年が経った今日にいたるまで、一度も再会したことはありません。

ホームレスはだれでもなりうるもの

ホームレスの人たちを、世間の人たちはあまりにもあっさりと批判します。「なんでホームレスになっちゃうの」「なぜ生活保護を受けないの」。怠けているからホームレスになってしまうのではないか。いまの日本では、そういう見方しかされていません。

しかし、それはまったくの誤解です。それはそのおっちゃんだけではなくて、ほかのホームレスの人も、何かしら独自の過去や障害を抱えています。でも話してみると、みんなふつうの人で、ふつうに頑張っていました。ただ、それだけではうまくいかなかった、それだけの違いなのです。

わたしも、もともとは頑張ればなんとかなるはず、と考えていました。努力をすれば報われるという高度経済成長を経験してきた両親に育てられたわたしも、以前はそうした昔ながらの会社人間の考え方をもってきました。ちゃんと企業に入って、きつい仕事も我慢して張りついて、企業のために一生懸命働いてさえすれば、たとえうつになろうが、多少のつまずきがあっても、その見返りとして自分の生活も、社会もよくなっていくんだ、というある種の幻想です。

いまでこそ、それは幻想だとわたしは言い切れますが、当時は家庭の教育もあったので、ホームレスの人にも「なんで我慢しないで、ドロップアウトしたの」とか「なんでもう一度そこに戻ろうとしないの」「努力の違いじゃないの」「好きでそうやってるんだから、支援はそもそも必要ないんだ」という認識でいました。

しかし、おっちゃんとの出会いをきっかけに、その考えは覆されることになりました。それは、おっちゃんだけのことでも、一部の人のことだけでも、わたしだけのことでもないはずです。

みなさんも、これから生きていくこと、生き続けていくことに不安があるのではないでしょうか。仕事がなくなったら。お金がなくなったら。病気をしたら。頼れる人がいなくなったら。いま若い人には、大学を卒業しても仕事がない、という人たちが山ほどいます。親も年をとれば頼れません。ホームレス状態は、人ごとではない近未来のわたしたちであると思っています。

だから、わたしが支援活動をしているのは、自分を含め、まだ若い世代の将来の不安を解消するためでもあります。生活保護にしても、本当は受けるべき人が受けられていないという状況があります。これを見過ごすのであれば、将来もし自分がそうなったとき、いったいなにがわたしたちを助けてくれるのでしょうか。

こうした視点が、いまの日本社会には欠けていると思い、わたしは強い危機感をもっています。

でも、新しい社会保障制度や救済のシステムができれば、いま生活に困っている人も、不安をかかえて生きている人たちに対しても、安心して生きていける効果が現れるのではないか。

そう期待しながら活動しています。

今日の命をつなぐ援助と、一生を支える援助と

ホームレスのおっちゃんとの出会いを経て、わたしは大学一年生の冬頃から、「スープの会」という新宿で夜回り活動をするボランティア団体に参加することにしました。おみそ汁やスープを持って、ホームレスの人に「お体は大丈夫ですか」「生活保護を受けませんか」「福祉施設という選択肢もありますよ」などと言ってまわる支援活動です。こうした活動を中心に、ホームレスの人を支援する団体をいくつもまわらせてもらいました。

その活動をしていて、愕然としたことがいくつもありました。ホームレスの人たちの生活の

実態にも驚かされましたが、なかでも一番ショックだったのは、むしろ関わっていた支援団体のあり方でした。ホームレスの人たちのその日暮らしを支えるという、それだけのことしかできないという実情についてです。

私がそこに参加するなかで行なわれてきた主な支援活動は、炊き出しをしたり、衣料の提供をしたりすることでした。ホームレス状態、貧困状態の人に集まってもらって、そこでその日その日の命をつなぐ活動をします。

最初は、これはもっとも重要な活動だと思っていました。ところが、二、三ヶ月くらい活動に参加させてもらうと、いくつか気がつくことがありました。前回食事を提供した人が、今回もまた来ていること、そして、一ヶ月経っても二ヶ月経っても、その状況が全然変わっていないということです。

そして、その方たちが、ある日突然路上で亡くなったりするのです。「あいつ、亡くなってたんだよ」という会話を、支援団体の人とホームレスの人が、お互い平然としています。耳を疑いました。路上で亡くなるというのは、一体どういうことなのか。その後どうなったのか、話を聞いてみると、「警察で変死体として運ばれて、解剖されると聞いたことがある」「家族の引き取りなんてないよ」ということでした。

わたしは、自分が思い違いをしていたことに気づきました。現代の日本において、誰であれ人の死は、もう少し尊いものとして迎えられると思っていたんです。わたしの祖母は、家族みんなに看取られて、家の中で亡くなりました。人の死は、家族みんなから感謝されて、「よくがんばったね」と声をかけられて、そうやって迎えるものだと思っていたんです。

でも、人の死は、二〇〇〇年代の日本の都市において、犬とか猫のように扱われていたのです。いや、ペットの犬や猫よりも、ぞんざいに扱われていました。これについて支援団体が悪い、ということではありません。まず今日明日の命を支えることは必要ですから、食事を提供する支援が無駄なことだとは、いまでもまったく思いません。とても大事な活動だと思っています。でも、それだけでよいのか。人の死が無下にされる社会で、それだけの支援でよいのか。疑問がふつふつと湧き上がりました。

アパートなど自分の住まいで生きて、病院のベッドで亡くなっていく。最低限、こういう生と死が、支えられなくていいのだろうか。それは、その日その日をなんとか生き抜くための支援ではなく、その人が安心して生きられるための、安心して死ねるための、一生を支えるための援助が、必要だということではないだろうか。

そういうことを疑問に思うなかで、何とかホームレスの人たちの生活そのものを変えるための活動ができないかと考え、話し合える仲間も少しずつできてきました。

ただ、アパートで暮らすには、炊き出し以上にお金がかかります。いまは生活保護が十分に機能していませんが、ちゃんと生活保護を受け取れるようにするか、何かしらの社会保障が整備されないと、ホームレス状態は脱却できません。ここを変えないと、いまの状態は継続してしまうのではないかと思いました。そこで、まずはホームレスの人に付き添って生活保護の窓口がある福祉事務所に行くという活動を、新しく埼玉で始めることにしたんです。

路上生活の肯定でも、行政の丸投げでもなく

当時は、福祉事務所に行っても、ホームレスの人はたくさん追い返されていました。保護を受けられたとしても、劣悪な施設に押し込められていました。いまよりさらに生活保護の窓口がせまかったため、法律上はともかく、ホームレスの人は実態として生活保護を受けられない、という流れがありました。といっても、まだ二〇〇〇年代の初めくらいの話ですから、そんなに昔のことでもありません。

支援団体を構成しているのは年配の方が多く、わたしと同世代の二〇代は多くありませんで

した。年配の五〇代、六〇代の方たちを中心に、支援活動を展開されていました。支援団体やおっちゃんたちとのあいだに、路上のコミュニティがあるんです。路上には知り合いがいて、交流がある。だから、ホームレスの人は、路上にいることが、一つの居場所になっている場合もありました。でも、それでいいのだと、支援団体も納得してしまっているふしがあるのです。たしかに、アパートに入ることがそもそも難しいという事情もあります。一方で、アルコール依存症があって、生活保護を受けても、お金のほとんどはアルコールに消えてしまう。そんな生活を続けるうちに、アパートに居続けることができなくなり、すぐに路上に戻ってきてしまうというケースもあります。

路上に戻ることをわたしたちは「再路上化」と呼ぶのですが、こうしたことはあちこちの支援の現場で繰り返されています。路上にしか居場所がないという人も実際にはいます。だから、路上での生活を肯定的にとらえることが、まったく駄目だとは思いません。でも、路上しかその人の居場所がない状態が続くのはよくないだろうと考えています。

社会の一員として、さまざまな困難を抱えていたとしても、社会のなかで支えていく、ということ。でも、社会に受け入れる度量がなければ、路上に居場所をつくるしかありません。もちろん、路上という居場所を奪えと言うわけではありませんが、なぜ彼らが路上を居場所にしなければならないのかを考える必要があります。

そういう意味では、わたしは、路上が居場所になってしまうことを肯定できません。それは一部のホームレス支援団体の方とは、一線を画すところです。

ホームレス支援団体の方と、生活保護の申請を支援をする団体の方というのは、外から見ると似た印象を受けますが、実際に関わってみると、支援や考え方の方向性がかなり分かれています。たとえば、生活保護を受けても「再路上化」している人たちが出てきてしまうと、あの人は路上にしか居場所がないんだから、そちらの団体で頼むよ、といった具合に、補完的に対応しています。

しかし、「再路上化」する人の多くが、実際は支援不足を原因として戻ってきています。支援の量が絶対的に足りなくて、それに関わることのできる支援者も不在なのです。

そうすると、ホームレスの人を生活保護に結び付けるということは、イコール、行政のケースワーカー（注5）にその人を丸投げするということになります。いま、「小さな政府」（注6）ということが、さんざん言われているなかで、行政のケースワーカーに丸投げしたって、彼らの支援は間に合いません。それなのに、支援団体の多くの人たちが、「法的責任があるんだから、生活保護に結び付けたらケースワーカーがやるべきだ」「行政の責任だ」と批判するだけで終わってしまう。それだけだったんです。

そういったなかで、前の世代の人たちとは、ちょっと違う視点で支援活動をやっていこうという思いが、わたしのなかで芽生えてきました。そのためには、新しい現場も支えていかないといけないし、そのための理論も必要になります。

そこでわたしが出した結論は、この問題に対しては専門的な知識をもった専門家が取り組まなければならないということでした。それが、いまの活動の出発点です。この考えをソーシャルワークといいますが、それについてはこのあとで詳しくお話しします。

活動の拠点としては、新宿や東京にはホームレスの支援団体はたくさんありますので、支援団体の空白地帯であり、わたしが小さいころから慣れ親しんだ埼玉に拠点を構えようと思いました。

大学を卒業した二〇〇四年に、ほっとポットというNPO団体を立ち上げ、ホームレスの方を対象に、河川敷の訪問活動からはじまり、アパートを一緒に探しながら、生活保護申請をお手伝いしました。さらに、生活保護を受けた後のアパート訪問やハローワークの付添いなども行ってきました。

二〇一一年には、ほっとポットの活動目的や活動理念を重視し、相互の協力体制を維持しつつ、新たなニーズにより即応できるように、ほっとプラスというＮＰＯ団体を立ち上げました。生活困窮状態にある方に限らず、自殺をしたいと思っている方や被災地で苦難に立たされている方、刑務所から出てこられる方など、支援活動をより広範に広げています。

ホームレスを認められない社会

いまの日本では、多くの人たちが、ホームレスの人たちを、ふつうの人として容認していません。だから、ホームレスの人は差別や偏見をものすごく受けています。

もちろん、ホームレス状態にある人たちと一緒にやっていこうという了解がつくられている社会であれば、路上にいたままでも、社会の一員として生きていくことはできるかもしれません。でも、いまの日本は、ホームレス状態にある人たちを「怠けている」「だめな人間だ」などと呼んでいて、うまく付き合おうとはしていません。

そういうなかで、彼らが社会的に認められるための取り組みをせず、ホームレスのままにしておくことは、ホームレスである彼らにとってよくないことなのではないでしょうか。周囲に住んでいる人たちとも、軋轢が生じてしまっています。

よく、ホームレスの暴行死事件が報道されています。あれは、ホームレスの人たちのことを、大人がちゃんと説明できていないことに原因があると思います。「ああいうふうになっちゃだめだよ」という、自分たちとは違った、駄目な対象だとしか説明できていません。

だから、これは注意が必要ですが、そういう社会が変われば、ホームレスの人たちが、ありのまま受け入れられることはありうるとは思います。それを考えても、いまの日本は、社会的にホームレスの人たちを受け入れるための思想が未成熟だということを、よく実感します。それは、わたし自身の過去の反省でもあります。そういう人たちと接する機会がないために、現実を知ることなく、差別と偏見を抱いたままの人たちも多いでしょう。

実際、わたしが支援していた人のなかには、暴行事件に遭遇された方がいます。中学生が石をぶつけてきたり、住みかにしていた廃車のガラスを割ってきたり。寝ているときに蹴られたとか、そういう話はかなり頻繁に聞きます。

そこで、あるとき、事件を起こした生徒が通う学校の教頭先生に、抗議をしたことがあります。それだけではありません。わたしも大人の責任として、こういったホームレスの人の話を聞いてもらおうと、中学や高校に行って、おっちゃんたちと一緒に、生徒たちに話をしています。

中学生は率直です。「そうはいっても、仕事探したほうがいいんじゃないですか」とか「なぜ家族を頼らなかったんですか」とか、ズバズバと聞いてきます。昔のわたしと一緒です。でも、こうした質問が出るほうが、子どもたちにとってよい経験になります。当事者に質問できる時間って、大事なんです。そういう場は必要なのに、いまの日本の教育では、ほとんどありません。そうやって議論して、色々と話を聞いていくなかで、ホームレスの人を承認することができる。そうすると、周囲の対応も変わってきます。

こうした人たちの存在を認めてもらいたい。それは、どんな人間だって尊いんだという、それだけのことなのですが、その視点がいまの社会には欠けています。

だから、その視点を広げるための活動をしていく一方で、現時点では、まず住居に暮らすことがより承認されやすくなるのではないか、そのための支援が必要ではないか、と思っています。もちろん、いまは生活保護を受けていたからといって、社会に承認されるわけでもありません。けれども、ホームレス状態よりはよいだろうと思っています。

現場と実践をつなぐソーシャルワーク

こうして進められているわたしたちの活動ですが、これまでの支援団体と決定的に違う点があります。それは、その支援のための手法です。

わたしは大学に入って、はじめてホームレスの人に出会ったのですが、いまの社会に対する自分の疑問、社会保障に対する疑問、自分の将来についての不安、友人が抱えている不安、そういうものがすべて集約されている場所が、ホームレス支援の現場なんだということに気づきました。

わたしは、彼らのような生活困窮者の支援をライフワークとして取り組んでいくことを決めました。そこで、そのまま大学院に進んで、こういう人たちをどうやって支援していったらいいのかを研究しながら、NPOを立ち上げました。

正直なところ、現場に関わりながら大学院の授業を受けていると、こんな勉強をやって、何か意味があるんだろうか、と考えることもありました。でも、いつか役に立つだろう、そう自分に言い聞かせて勉強していました。

実際、これまでのホームレスの人に対する支援の現場には、あまり専門的な知識が活かされていません。しかし、わたしたちの活動においては、いまでは当時の研究が役に立っています。支援の現場で役に立つ研究は、今後も重要になってくるはずです。ただ大学にこもって研究するだけではなくて、研究した内容を現場に落としていくことが重要です。

研究も実践も、バランスをとりながら両方うまくできる。そういう人が、これからの支援の現場には必要なんだと思います。ほっとプラスの支援活動も、専門的な知見にもとづいて行おうと挑戦しています。

たとえば食事を提供するだけではなくて、食事を提供することが支援の現場に与える意味を考えていったり、生活保護を受けることを提案するだけではなくて、生活保護を提案する意義を考えていったりします。そして、このあとの生活を一緒に支えていくシステムを、政策としてもつくっていきたい。そのためには、どうしても理論が必要になります。

その大きな理論的な支柱がソーシャルワークというものです。その人の状況を多角的にとらえ、エビデンス（客観的な根拠）にもとづいて、支援を組み立てていくという手法です。わたしはこの理論が、今後は絶対に必要だと思っていて、いろんな人に提案したり、薦めたりしています。ホームレスに限らず、あらゆる生活困窮者の支援にとって、必要な理論です。その取り組みがあまりにも少ないので、そのモデルを提示していけたらと思っています。

それが必要であると思い知らされたのは、先ほど説明した、これまでの支援運動の限界が理由でした。理論や根拠を大事にすることもふくめて、わたしはこれまで、自分がしてきた活動に対する疑問がいつもあり、ずっと試行錯誤しながら活動してきました。

支援に関わるようになった初期の頃は、ホームレスの人のための炊き出ししかしていなかったので、特に迷いがありました。炊き出しを続ける日々のなかで、人が亡くなっていく。今日も路上で人が亡くなっていく。炊き出しだけではいけない。それに追加する支援をしなければならない。

でも、支援のシステムとしては、生活保護だけでも足りない。生活保護を受給する人だって、孤独死してしまう。生活保護を受けていても、アパートで暮らしても、人の生活は豊かになるとは限りません。「再路上化」どころか、就職先が見つからなくて孤独死してしまったり、アパートのなかで自殺してしまう人もいます。孤立してしまい、明日への希望を見出せなくなって……。

支援をしていると、多くの人が「路上のほうがましだ」ということを口にされます。路上だと、「あいつは駄目だ」「こいつは駄目だ」など言い合いながらでも、なんだかんだで飲み仲間がいたり、路上のコミュニティがあったわけです。わたしはそのことにきちんと向き合わずに、路上よりも生活保護のほうがいいんだと、アパートに入れていくことをお手伝いしてきました。しかし、実際は路上で炊き出しをするだけでも、アパートで生活保護を受けるだけでも、どちらでも駄目なんです。どちらでも、人が死んでしまうんです。

そういう迷いや葛藤のなかで、行政のケースワーカーが、ちゃんとケースワークをしていないという現実に直面してきました。とはいえ、いま行政に対応を丸投げし、対応できない行政を批判するだけでは、すぐには改善は期待できません。じゃあ、わたしたちの支援はどうしていったらいいんだろう。ここから先はもう、それらを融合させていくしかないと思いました。

炊き出しも大事だし、行政のケースワーカーと協力していく支援も大事です。その両方を融合するためには、さまざまな支援のメニューを、生活に困窮した個人にあわせてコーディネートしていく存在、つまりソーシャルワーカーが不可欠だということがわかりました。

ただ生活保護を受けさせても駄目だし、食事提供だけしていても駄目。全人格的に支えていく、その一人一人を丸ごと支援する。いまでこそ、パーソナルサポーター（注7）とか、伴走型支援ということで、少しずつ理論化されていますけれど、当時から、そういう支援が必要だと考えるようになりました。

ただ、こうして悩みの答えは見つかっているわけですが、答えを遂行するためには、どうしてもお金が必要です。一人一人の支援をしていくことは、とても大事なので、制度化していくしかありません。つまり、そこに財源をつけるということです。介護保険並み、障害者支援並みに予算をしっかりつけてもらわないと、ソーシャルワーカーは育成されないし、そうすると支援もなりたたない。特にミクロな現場レベルの支援から発言して、政策をつくっていくことをしていかないといけません。

いまの制度のなかでは、パーソナルな支援の予算なんてついていませんし、公務員も減らされています。どうしたらいいのかということは、福祉事務所も、厚生労働省も、政治家も悩んでいます。もう新しい枠組みをつくるしかない、そういう状況です。そのなかで、理論をもって現場の支援に関わり、それを政策として実現させていくこと。体系的に連動した取り組みを行なうこと。それが、わたしの活動の目的です。

【注1】 社会福祉の専門家に与えられるソーシャルワーカー（ソーシャルワークを行う専門家）の国家資格。高齢者・障害者・児童・生活困窮者などの施設や機関、さらに病院や学校、更生施設等において、相談、生活支援、自立支援、コーディネート、マネジメント等の業務を担う。ただ、社会福祉士の業務は、資格を持たなくとも行うことができる。

【注2】 ホームレス状態にある人に対して、健康悪化を防止する等を目的として提供される緊急一時的な宿泊場所のこと。厚労省のホームレス緊急一時宿泊事業（略称：シェルター事業）により設置される。シェルター事業は、都道府県または市区町村が実施するが、適切な運営が確保できると認められる社会福祉法人や特定非営利活動法人等に、事業を委託することができる。

【注3】 社会問題の解決を目的に掲げ、収益事業に取り組む事業体。

【注4】 生活に困窮する人々を対象に、国や地方自治体の支出する財源によって、最低生活を資力調査（ミーンズテスト）を条件に現金を給付する制度。社会保障制度のほかのシステムを最終的に補完する制度でもある。日本の場合、生活保護制度に当たる。

【注5】 生活困窮者等を個別援助する活動（ケースワーク）を行う専門職。生活保護の窓口では、現業のケースワーカーとその管理・監督をする査察指導員がおり、保護の相談・申請業務を行う。

【注6】 政府の市場への介入を最小限にする政策。イギリスのサッチャー政権、アメリカのレーガン政権以降は、社会保障を減らし、公共部門を民営化して国の財政負担を減少させる目的でよく用いられる。

【注7】 生活困窮者・若者等に就労に向けた自立支援を個別、継続的、制度横断的に行うパーソナル・サポート（伴走型・寄り添い型支援などと呼ばれる）の専門家。２０１０年から日本で導入され、自治体がＮＰＯに委託する緊急雇用創出事業として設置されることが多い。

2

「不正」か、孤立死か

生活保護の九九・六%は不正ではない

生活保護の「不正」や「適正化」の議論が盛んです。しかし、そうした議論のほとんどは、現場の事実を知る者からすれば、大きく現実からかけ離れたものでしかありません。

そこでこの章では、「不正」とされている議論がいかに一面的なものであるかを、わたしの見てきた困窮者の方の事例を知って、考えていただきたいと思います。

その前提として、生活保護制度の説明と、数字による「不正」の間違いについて指摘しておきたいと思います。批判のなかには、制度についての誤解や、きちんとした調査にもとづかないイメージだけで語られているものが多いからです。

生活保護とは、生活が立ち行かなくなった場合に最低限度の生活水準（ナショナル・ミニマム）を保障する公的な制度です。「最後のセーフティネット」と呼ばれるように、当人の資産や能力、その他の社会保障制度を活用しても困窮状態から脱することができない場合に利用できる制度とされています。

生活保護制度における扶助の種類は八つあります。いずれも基本的には現金給付ですが、医療扶助と介護扶助は医療や介護サービスを直接給付する現物給付です。これら八つの扶助を合計した金額が最低生活費です。最低生活費は自治体ごとに異なる金額が決定されており、たとえば東京都新宿区在住の三〇歳代男性（単身世帯）であれば一ヶ月あたり一三万七四〇〇円です（二〇一二年度）。

この最低生活費に足りない金額が、生活保護費として支払われることになります。たまに勘違いされている方がいますが、働いて最低生活費に満たない受給者に対しては、最低生活費が満額すべて支払われるわけではありません。

この生活保護を受けている人は、年々増加しており、二〇一二年三月時点での受給者数は二一〇万八〇九六人、受給世帯数は一五二万八三八一世帯とどちらも過去最多となっています。しかし、それでもまだ受給者は少ないといえます。というのは、生活保護を受給できるはずなのに受給できていない、「漏給」の問題があるからです。最低生活費を満たしていないにもかかわらず、生活保護を受給していない人の割合は、日本では非常に高いです。

この本の「はじめに」でも述べた生活保護問題対策全国会議の調査によれば、二〇一〇年の各国の比較では、利用率、捕捉率はそれぞれ、日本が一・六％、一五・三％〜一八％、ドイツが九・七％、六四・六％、フランスでは五・七％、九一・六％、イギリスでは九・二七％、四七〜九〇％となっています。利用者数はそれぞれ、一九九万八九五七人、七九三万五〇〇〇人、三七二万人、五七四万四六四〇人。ドイツ、フランス、イギリスでは、日本より利用者数が多く、利用率が高い一方で、補足率が高いことがわかります。むしろ、日本の捕捉率の低さ、裏返せば「漏給」率八割という数字の高さこそが、先進国のなかでは特殊なのです。

ＯＥＣＤ社会支出データベース（二〇〇七）を見ても、日本の生活保護費の対ＧＤＰ比は〇・六％と低い。アメリカは一・二％、ドイツは三・三％、フランスで四・一％、イギリスで五・〇％、ＯＥＣＤ平均で二・〇％です（図２）。

厚労省の調査によると、二〇一〇年の生活保護利用世帯数は一九五万二〇六三でした。生活保護費総額は三兆三二九六億円です。このうち、不正受給件数はどれくらいでしょう。二万五三五五件です。これは全体の一・八％となります。金額にして、一二八億七四二五万円であり、全体の〇・三八％です。不正でない生活保護受給の割合は九九・六％。不正受給は全体の割合からすれば一部でしかないのです。

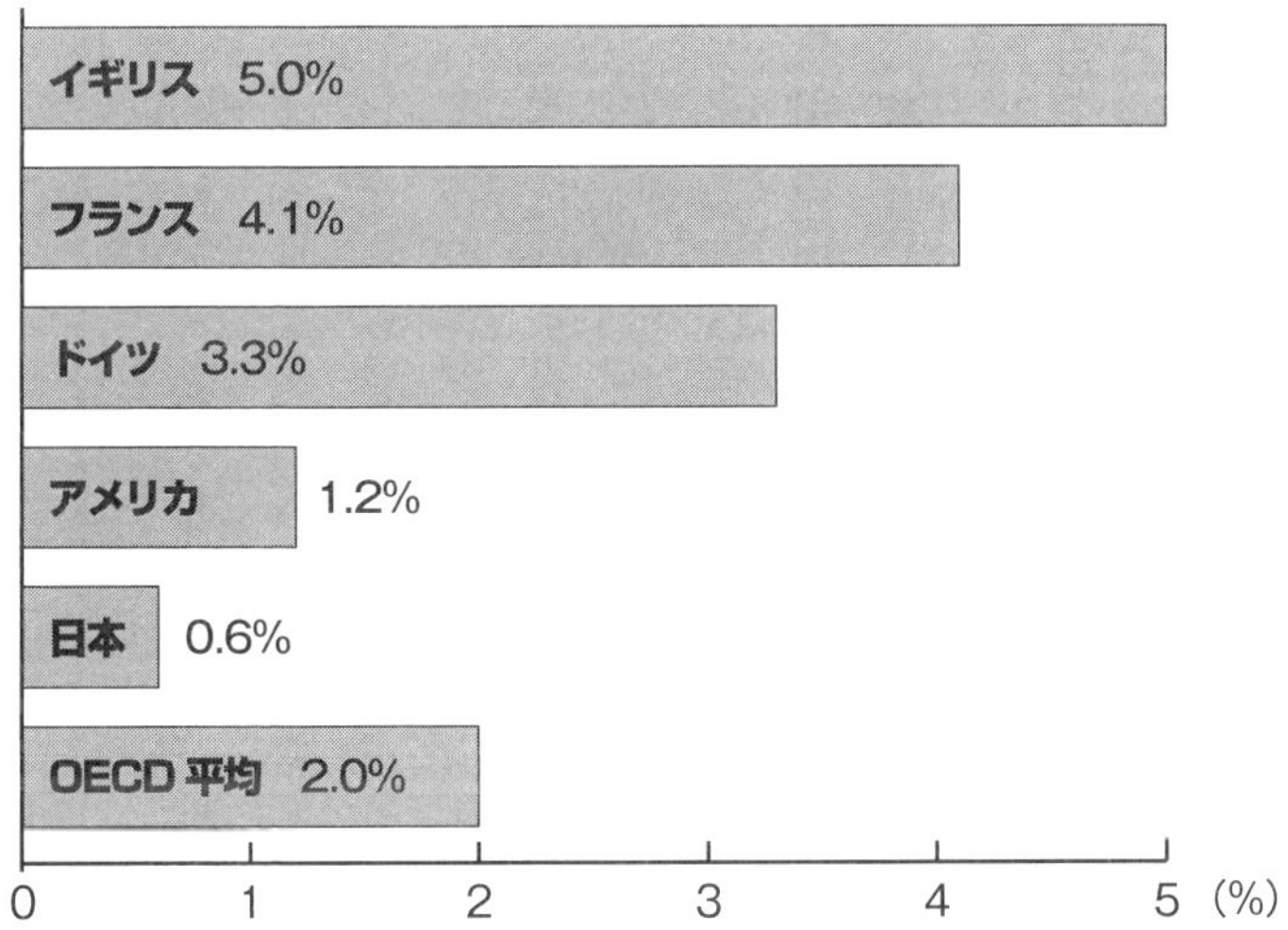

図2　OECD諸国の生活保護費の対GDP比（OECD社会支出データベース、2007年）

「不正受給」の報道こそ、現場を見ていない

このように、テレビや新聞をにぎわせる「不正受給」のうち、法的な意味で「不正」であるものについては一部にすぎません。しかし、マスメディアや政治家、インターネット上の声では、「不正」の定義が、曖昧なまま拡大しています。

たとえば、家族がいるのだから扶養できたはずではないのか、どんな仕事でもいいから働くことはできるのではないか、という批判が相次いでいます。そうした「倫理的」（倫理的ですらないと思いますが）な「不正」を勝手につくりあげて、生活困窮者を責め立てるケースは少なくありません。

しかし、これらは一面的な情報だけが恣意的に抽出され、歪められたかたちでセンセーショナルに紹介されることがほとんどです。こうした報道は、あたかも報道されない真実をあぶりだしたかのように見えますが、現場の支援者の視点からすれば、ウケ狙いを優先したために、むしろ現実から目をそらしているとしかいえないものばかりです。生活保護受給者のなかには、家族関係の問題で親族が扶養することなんて論外である事例は多いですし、一見「不正」に見

られるような事例でも、その人を取り巻く環境を慎重に見ていくと、安易な報道とは、まったく違った事実が見えてきます。

そこで、「不正受給」とされる典型的なケースについて、わたしが見てきた具体例を通じて、それが「不正」などではないことを明かしていきたいと思います。さらに、法的に不正であるケースについても、それが当事者の問題としてとらえられるべきではないということを説明します。

「扶養」が断ち切った、姉妹の絆

ほっとプラスには、いろんな事情がある方が相談に来られます。開設当時はホームレスの人たちが次から次へと相談に来られていました。いまは層がひろがって、来る人たちの層が変わってきています。たとえば、刑務所から出て来たけれど家がない人や、自殺を望んでいる人、DV（ドメスティック・バイオレンス）で夫の暴力から逃げてきた人たちなどです。他にも、おにぎりや弁当を盗んでしまって弁護士さんに連れて来られた人や、ネットカフェで生活せざるを得ない若い人、さらには売春を強要されている女性など、暴力団関係の反社会的勢力から逃げてきている人、多重債務を負っている人もいます。このように、社会的に孤立し、なんらかの生活支援を求めているさまざまな人が相談に来られます。

そんななか、二〇一二年六月に、お笑い芸人の親族扶養の問題について大きな話題になりました。しかし、親族扶養は、実際にはほとんど役に立たないどころか、親族の関係を壊してしまうことすらあります。家族や親族による扶養を重視することは、あまりに現実を見ないご都合主義的な発想です。

ちょうど二〇一二年六月に相談を受けた六〇代の女性のケースです。一人で暮らしていた彼女は、がんを患っていることが判明します。でも健康保険にこそ入っていましたが、医療費が払える経済状況ではありません。少しでも治療費を払うために家賃も滞納してしまい、たちまち生活困窮状態に陥ってしまいました。そこで彼女は生活保護の窓口へ行くことにしました。

ところが、彼女は生活保護の支給を拒まれてしまいます。なぜかというと、彼女は天涯孤独ではなく、妹さんと仲が良かったのです。そのことを生活保護の申請窓口で職員に追及され、「妹の旦那さんに頼ってくれ」との一言を投げかけられ、窓口を追い払われてしまいました。彼女にすれば、妹さんとの関係が良好であったことが、あだになってしまったわけです。

しかし、妹さん夫妻も高齢で決して豊かな生活ではありません。妹さん夫妻は彼女のお願いに、「がんの治療費を払い、彼女のこれからの生活の面倒も見るなんて、そんなことはできない」と答えたそうです。それどころか、「支援しなければいけないなら、姉妹の縁を切る」と言われてしまい、それまでの関係にひびが入ってしまったのです。妹さんはこれまで精神的には支えとなってくれていたのに、多額の金銭的な支えの話を切り出したことで、その絆は断たれてしまいました。

親族扶養義務を原則とするのならば、姉妹の愛が足りないとか薄情だとか、この妹夫妻は非難されるべきなのかもしれません。しかし、がんの治療費や生活の面倒を、高齢の妹夫婦が何とか負担する、それが本当にあるべき家族や親族の姿なのでしょうか？

悩んだ挙句、この女性はわたしたちのもとに相談に訪れます。しかし話を聞いているうちに、「生活保護を受けたくありません」と彼女は泣き出してしまいました。妹さんとの良好な関係が生活保護の相談をしたことで崩されてしまったわけですから、拒絶してしまうのも無理はありません。そこでわたしたちは、彼女と一緒に生活保護の窓口まで同行し、扶養義務をそんなに広く捉えるべきではない、精神的な面での支えになっているだけで十分じゃないか、と職員に話しました。

生活保護法の精神からいえば当たり前のことですが、結局、妹夫妻の金銭的な扶養はなくてもよいことになり、彼女は妹夫婦に頼ることなく、生活保護を受給できることになりました。ただ、妹夫婦との関係修復には時間がかかっているようです。

ただでさえ、しっくりいかない親族との関係がもっと悪くなることを恐れて、保護を申請しづらいのが現状です。そのうえで、要保護者に圧力をかける方便として扶養義務の強化が使われるのであれば、金銭的な負担によって大切な縁まで壊されてしまいかねませんし、それを壊されてしまった人たちが、生活保護にたどりつけなくなる可能性は、さらに高くなるのではないでしょうか。

親族は精神的な支援を、金銭的な支援は社会で

そもそも、果たさないことで「不正」と言われる親族の扶養は、生活保護の要件ではありません。親族が扶養をできるのであれば、生活保護を受給してはいけないというのは、生活保護法を恣意的に解釈したものです（注）。

さらに、親族の扶養は、現実的な方法ではありません。残念ながらわたしがかかわったなかでは、親族が扶養できるケースはほとんどないのが実態です。それも高齢の方にとどまりませ

ん。たとえば、二〇代、三〇代の若い人たちで、就職がうまくいかずに生活保護を申請したい場合もまた同じです。彼らの親は年金暮らしで田舎にいます。親の年金支給額だって微々たるもので、生活の面倒は自分で見ろといわれてしまいます。そんな中で役所から親族扶養の問い合わせが行き、縁を切らなければならなくなったこともあります。

生活保護は受給した本人を自立させるために機能しなければならないのに、入口の段階で本人が自立していくモチベーションを下げてしまったり、唯一細い糸でつながっている親族との関係性を断ち切って孤立させたりということになってしまいかねない危険な状況にあります。

親族が苦しくとも支えあう姿は美しいものかもしれません。しかし、金銭的なかたちをとらなければ、親族の支えは無意味なものなのでしょうか？　親族との関係は、お金でしか測れないものなのでしょうか？　金銭的な面で支えてくれなくても、精神的な支えがあるだけで、本人にとっては自立に向けた推進力になったケースもあります。親族の支援が得られるのならば、お金で扶養することより、むしろ精神的に支えることこそが重要だとわたしは思います。

虐待、金銭の搾取……崩壊した家族に支援は可能か

それどころか、親族に精神的な支援も頼めないような関係性の人も、現状では多いのです。

こんな事例もあります。相談にきたのは三〇代の男性で、父親が公務員、母親が専業主婦でした。金銭的には支援が可能そうに見えます。ところが彼は、親から生き方を押しつけられていると感じていました。東大に行けとか、一流大学に入るのは当然だという教育をしてきた家庭で、この人はその道筋から外れてしまいます。そのため一流大学に行けなかった自分は生きている価値がないと思い込んでいて、自殺を図ったんです。その自殺にも失敗して、彼は家族のところに戻りたくないと、わたしたちのところに相談にきました。こうしたケースですぐに家族の元に戻しても、その人に居場所はありません。こうした家族との関係は、その人にとって過度なプレッシャーを与えるものにしかならないので、かえって問題が深刻化します。

幼少期から親に虐待を受け続けていて相談に来る方もいます。暴力を受けて育ってきたため、仮に家族が金銭的に援助をしてくれるとしても、家族の世話にはなりたくない、親から援助を受けるくらいなら死んだほうがマシだ、と言っていました。虐待やＤＶが絡んでくる相談は、

経験的には二～三割程度います。家庭内の暴力から逃げて、そのまま相談にきたという方も少なくありません。こうした人たちは、親族扶養を義務づけるべきと考える人からすれば、わがままを言っているようにしか映らないかもしれません。しかし、相談の現場にいると、家族機能が崩壊してしまっている人たちを日常的に数多く目にします。

これも二〇一二年六月のことです。青森にお父さんとお母さんがいるという二〇代の男性の相談と、岩手におじいちゃんとおばあちゃんがいるという三〇代男性の相談が相次いでありました。いずれも、家族関係が崩壊して埼玉まで流れ着いた人たちで、とても援助は望めない状態でした。

「なぜ家族が扶養できないの」という質問は、あらゆるところで繰り返されています。しかし、こうした質問をなさる方の多くは、おそらく恵まれた家族関係にある人でしょう。わたしたちのところに相談に来られる方は、家族から虐待を受けていたり、金銭的な搾取を受けていたり、家族関係の中でお互いを扶養するような温かい関係性を築くのが、とても難しい状態にあります。

あなたなら、自分を殴る人、精神的に追い詰めている人のところへ養ってくださいと頭を下げにいけますすか。こうした現実を一切かえりみずに、扶養義務を強化することに意味があるのでしょうか。貧困状態にある人の対策や支援は、いますぐにでも社会化すべきです。

行政の犯罪としての水際作戦

親族の扶養義務が強調されるなかで、生活保護の「受けやすさ」もまた喧伝され、問題視されています。もちろん、生活保護は、だれでも受ける権利があるものです。

しかし現実には、日本は世界的にも生活保護を受けることが非常に難しい国になってしまっています。まず、資産調査を世界でも類を見ないほど厳しく徹底してやっています。さらに、窓口のケースワーカーが不当に保護を受けさせないようにする「水際作戦」が横行しています。

若い人が福祉事務所の窓口へ相談に行くとします。そうすると、「まずハローワークに行って、仕事がないということをちゃんと証明してからでなくては生活保護を受けることができません」と追い返されるケースがあります。ケースワーカーは生活保護の申請を受けた場合、法律上、拒否することはできません。だから申請させないように、このような手段をとるのです。

また、「住所がないホームレスは生活保護を受けることができません」と追い払うパターンもあります。これはかなり大きく問題になったこともあって、近年は少なくなってきています。

本当は、稼働能力のある人が仕事に就けないこと、窓口に来た人に住居がないことも含めて支援するのが福祉事務所の役割になっています。ところが、福祉行政は昔からずっと、彼らにとっていわば「面倒くさい人」を排除してきました。こうした人こそが、保護を必要としている人たちです。こういう人たちがきちんと保護を受けることができないことこそ、いま問われていることなのだと思います。

意図的に誤った説明をして申請させずに追い返すケースもあります。ある五〇歳の男性の相談者は、「生活保護は高齢者や障害者が受けるものだ」と窓口で誤った説明を受けていました。高齢者や障害者の人たちだけが「生活保護を受けられる人」ということにされていたのです。あるいは「病気をしないと生活保護は受けられない」とか、ひどいケースになると、「六五歳になってからでないと生活保護は受けられない。六五歳になってからきてくれ」といわれた人もいます。

こういったことは、昔から延々と繰り返されています。わたしは、これは行政の犯罪だと思っています。生活保護法という法律に明らかに違反しているからです。

知的障害をもつ相談者をどなりつける

軽度の知的障害がある二〇代の男性に対して、行政が「水際作戦」を行ったケースもありました。

本人は経済的に家族を頼ることができない状態だったのですが、障害のために生活に困っている状態を自分ひとりでは行政に対して十分に説明することができませんでした。

まずは一人で福祉事務所の窓口に行ったんですね。そして彼は、生活に困っていて、アパートの家賃を三か月滞納しているし、ガス・水道も止まっている、仕事も見つからない、これまで派遣で働いていたけれどそれも切られてしまったという状況を説明しました。しかし窓口のケースワーカーは、「あなたは若いでしょう。仕事を探してみてくださいよ」と言うだけでした。

この相談者は「がんばって探しても見つからない」と答えましたが、「見つからないのは仕事を探す方法が悪い」とか「探す努力をしていないからだ」と言われてしまいます。ケースワーカーはインターネットや求人誌などでの仕事の探し方を教えてくれたそうですが、障害をもっていたこともあり、短期間探したくらいでは、続けられそうな仕事を見つけることはできませんでした。後日「やっぱり見つかりませんでした」とケースワーカーに報告すると、ケースワーカーは怒って叱責したそうです。「あれだけハローワークでしっかりやるようにノウハウまで教えたのに、なぜ、それだけのことができないんだ」と。

話の筋道が全く逆です。きちんと生活保護を受けさせて、落ち着いた環境で就労支援をしていくのが本来のあり方です。怒鳴られた後でわたしが同行し、「その対応はおかしいでしょう」と話して申請書を置いて帰りました。これで申請書を提出したことになります。次の日には、念のために弁護士も連れて行って対応を確認しました。ところが、「昨日の申請書で生活保護の審査は開始されていますよね」と聞くと、ケースワーカーは「あれはただ忘れて置いていったものですから」と答えたんです。

そこで、弁護士と一緒に「それはおかしい、生活保護法に違反している」と抗議しました。それだけでも対応が変わらなかったので、県庁に問い合わせをして、県庁から「そういう対応はやめるように」との指導が窓口に入り、やっと審査が開始されました。この男性は今、生活保護を受給しながら仕事を探しています。軽度の知的障害で療育手帳（知的障害者手帳）もとりました。

彼は、それまで食事も一日一食しかとれず、公園の水を飲んだり、パン屋さんからパンの耳を分けてもらいながら生活していました。すぐにでも保護が必要な状態です。なぜそれが緊急性の高い状況だと認識できないかが問題です。最低限の専門性と人権意識を持った人間を福祉事務所に配置すべきだと思います。

働くことを阻害する要因があることを、誰か証明する人がいなければ生活保護を受け取れない。この状況を放置すれば、その人は餓死するか、ホームレスになるか、自殺するか、犯罪に手を染めて刑務所に入るしかないんです。いずれにしても、状況が悪化した時点で問題が表面化することになります。

本当は、そういう状態に追い込まないようにするのが生活保護の役割です。窓口の対応としては、まずその人の状況をしっかり把握して、若いからといって、すぐに仕事に就ける人ばかりではないんだということ、一人一人が障害や家庭環境などの多様な事情を抱えているんだということを認識する必要があるはずです。

無年金でも、買い手のない持ち家を理由に保護を拒否

これは七〇代のおばあさんの事例です。彼女は無年金者で、貯金を切り崩して食いつないできたけれど、それも底をついてしまい、生活に困っていました。

そこで福祉事務所の窓口へ行くと、「土地と家屋があるから生活保護を受けられない」と言われてしまいます。そのため「生活ができなくて困っている」とわたしたちのところに相談があって、申請に同行することになりました。おばあさんに話を聞くと、持ち家とはいっても、戦後間もなく建てられたもので、ぼろぼろで床も傾いていました。土地のほうも川のそばにあって、資産価値がほとんどないような場所でした。いずれも、売ろうとしても売れない、買い手のいない資産です。

この場合、ケースワーカーがおばあさんを支援するならば、まず最初に生活保護を開始する手順を踏むはずです。そのうえで、土地や家屋を売却する方法を一緒に探したり、売った後に引越しを支援したりするべきです。

しかしケースワーカーは、生活保護の入口で断ったのです。家と土地がある、という形式的

な理由だけで「資産をもっているから生活保護を受けることはできない」とみなし、追い返してしまったわけです。何のためにケースワーカーは存在しているのでしょうか。売れないものを売る方が大変だし、おばあさんはそれができるような精神状態ではとてもありませんでした。無年金で、現金もほとんどなかったんです。

もちろん、土地や家屋を資産とみなすことはありえます。大豪邸を持っているなら、まずはそれを現金に換えるという判断もあり得ます。けれども、このおばあさんの「資産」は、すぐ売れるような価値のあるものではない。そういう「資産」を根拠に、申請させないようにケースワーカーが対応してしまっているケースでした。

月収七万円の派遣で働いたら、保護を打ち切り?

最低生活費に満たない仕事、月収七〜八万円の単発の派遣の仕事に就いただけで、「このまがんばって働いていれば収入が上がっていくだろうから」と生活保護を打ち切られてしまう事例もありました。この人は、主にイベント会場の設営を登録型派遣でしていて、継続して仕事があるかどうかすら分かったものではありません。しかし、「今回は二〇日間で七〜八万円だから、来月からもっと働けばもっと稼げるでしょう。頑張りなさい」と言われて、生活保護を打ち切られたのです。

月七〜八万円で生活できますか？　生活保護はその地域での最低生活費を算出して、その金額に足りない部分を支給する制度です。七〜八万円では、最低生活費に足りていません。打ち切りによって、それまで保護を受けていたときよりも収入は減少してしまい、最低生活費を割り込んでしまうことは分かりきったことです。それでも支給を打ち切ってきたのです。働いたことが、あだとなってしまったわけです。

こういった事例を上げていけばきりがありません。特に働けるとされる年齢層の人に対しては、これでもかというくらい、「早く生活保護から抜け出せ」という過度な就労指導がされています。行政が、継続できるかどうかも分からない仕事をあっせんして、とりあえず生活保護から離脱させるという対応が特に目立ちます。

窓口で傷つけられ、自殺に追い込まれるうつ病患者

病気を抱えているのに水際作戦を受けることもあります。特に厳しい対応をされるのはうつ

病などの精神疾患です。目に見えない病気なので、精神科の診断がないと正確に病状を判断することは、確かに難しいです。多くの場合は「やる気がないから仕事が見つからない」と思われがちだし、窓口のケースワーカーから実際にそういうことを言われてしまいます。そうすると本人はさらに傷ついてしまう。病気の症状で朝起きることすら辛い中、がんばって窓口に行っても、「やる気がない」と罵倒されて追い返されてしまう。

こんな時にケースワーカーがまず想像しなければいけないのは、なぜこの人が相談に来ているのか、ということです。ケースワーカーには、うつ病に関する知識も必要です。その努力を怠ると、支援を求めに来た人を単に追い返すばかりか、その人たちを傷つけることになってしまいます。治療のための行動を起こすことすら委縮させてしまいます。支援する側であるはずの福祉事務所が、うつ病患者に対して二次被害を生んでいる事例が散見されます。非常に初歩的な問題ですが、まず窓口で二次被害を起こさないことが課題です。人によっては、福祉事務所が命を奪ってしまう場所になりかねない。実際そうなってしまっているのです。

うつ病が悪化してしまう人は多いですし、ひどいケースだと自殺してしまう人もいます。遺書に「福祉事務所の対応で傷ついた」とはっきり書かれているわけではありませんが、「仕事を探すことに疲れました」などと書かれているものを実際に見たことがあります。

こういった人も、まず生活保護を受けることができていれば違った結末になった可能性が高いと思います。要保護性のある人については、まず福祉事務所が申請をしっかり受け付けてもらいたいと思います。自立や就労の話はそれからだと思っています。

あえていえば、本来バッシングされるべきは生活保護受給者ではなくて、ケースワーカーではないかとわたしは思っています。なぜ生活保護受給者に対する支援がきちんとなされていないのか。不当に追い返して病状の悪化や死をもたらすケースワーカーこそが批判されるべきなのではないかと。なぜ、受給者が自殺や孤立死をしてしまったときに、支援者たるべきケースワーカーが自分自身を省みないのか。不正受給の問題だって、調査や家庭訪問をしっかり行って、細やかな対応ができていれば、早期に発見できるはずです。

わたしたちのＮＰＯでは、なにか問題があったときに相談に来た人を責めることは絶対にしません。責めるとすれば、支援者の対応なり、団体全体としての支援システムの不備です。行政はそれをしない。ずっとこんな対応でいいのでしょうか。

「不正受給」に偽装されるケースワーカーの説明不足

ケースワーカーの「水際作戦」が改善されない一方で、生活保護の「不正受給」問題ばかりが取りざたされています。生活保護には、悪意のある人が福祉事務所をだまして儲けているというイメージが強いのではないかと思います。

しかし、厚労省が不正受給としてカウントしている事例には、臨時収入の申告を忘れたという悪意のないものが多くあります。たとえば、受給世帯の高校生がアルバイトをしていた場合です。このアルバイトの収入が未申告だと、統計上は不正受給として扱われます。また、年金やその他の社会保障給付の未申告も、不正受給とされます。このような事案の大半では、担当のケースワーカーが十分にチェックしていなかったために収入を捕捉できていなかったということや、そもそもケースワーカーからの説明不足のために、申告することを知らなかったということが少なくありません。当事者の中には、収入があれば当然役所が把握しているものだろうと思っていたために、制度の仕組みとして、不正受給に分類される状況に至ってしまったケースが結構あります。

「不正受給があった」として保護を打ち切られてしまったケースでも、実際には、働いていることをケースワーカーに報告していた場合、役所が会社からの収入について知っているだろうと思っているんです。企業に勤める人の多くは、手続きを取らなくても会社から役所（税務課など）に収入状況について報告がいく源泉徴収という仕組みがあります。働いているのだから役所に収入の報告がされているだろうとなんとなく思っていても、実際にはそれをケースワーカーが把握していなかったため、「なぜその収入を申告しなかったのか」と後から問題にされ、不正受給とされてしまうことが多々あります。でも、本人は役所に内緒にしていたつもりはないわけです。

ケースワーカーは、あらかじめ仕事に就いたことがわかっているわけですから、もう少し早めに確認してさえすれば「不正受給」には至りません。働いてから何カ月間か放置して、その後で「収入申告は？」と介入してきますから、この問題はケースワーカーの現状把握の不足が問題なのです。資質不足か、調査不足といったところでしょう。ケースワーカーは常に人手不足で、家庭訪問をきちんとしていないというケースも多々あります。家庭訪問をやらなければきちんとした支援なんてできないですし、保護を受けている方とのコミュニケーションもとれません。

生活保護の合法的ピンハネをする無料低額宿泊所

生活保護の問題は、行政だけではありません。行政の支援不足と共犯関係になっている「貧困ビジネス」の問題もあります。貧困ビジネスは、困窮者を利用して利益をあげる商売のことを指しています。特に貧困ビジネスとして注目されるようになったのが、「無料低額宿泊所」という、住居がない人のための宿泊施設です。実際には「無料」でも「低額」でもありません。路上で寝ている人などに「ホームレスをしているならうちにおいで」と声をかけて、生活保護の申請をさせて所有する施設に居住させる契約を交わします。そのうえで、寮費・食費・光熱水費という名目で生活保護費の大半を搾取してしまう。健康で文化的な生活ができないほどお金を請求し、搾取する事業体が非常に増えています。

こうした宿泊所の運営は社会福祉法において第二種の社会福祉事業とされています。第一種の社会福祉事業に比べると、きわめて規制が緩いのが問題で、職員の配置基準や居室面積に関係なく、建物さえあれば無料低額宿泊所と名乗ることができます。

一応は法律に基づいた施設なので、直ちに違法ということは言えませんが、十分な住環境や

相談者が詰め込まれていた無料低額宿泊所。

福祉の支援が保障された施設ではありません。近年、この事業に参画する事業者が増えています。貧困状態にある人が増えてきているためでもありますが、それだけではなく、行政の福祉政策が行き届いておらず、住む場所を提供できていないために増えていると言えます。現在の生活保護制度の盲点をついたビジネスなのです。

こうした宿泊所から逃げて相談に来られる方も増えています。わたしたちのところにも、年間三〇人くらいはこうした無料低額宿泊所、さらには宿泊所としての届け出すら出していない施設から「環境が悪すぎて住めない」と救済を求めてくる人がいます。住環境を聞いてみると、家賃が四~五万円の部屋を区切って三人に住ませているなんてよくある話です。一人当たりの面積は二~三畳くらいになってしまいます。荷物を置いて布団を敷いたら目いっぱいというところに押し込められて暮らしているわけです。普通にそれだけの家賃を支払えば近隣のアパートで一人暮らしできるはずなのに、金銭的搾取のターゲットにされて押し込められてしまっています。非常に根深い問題です。

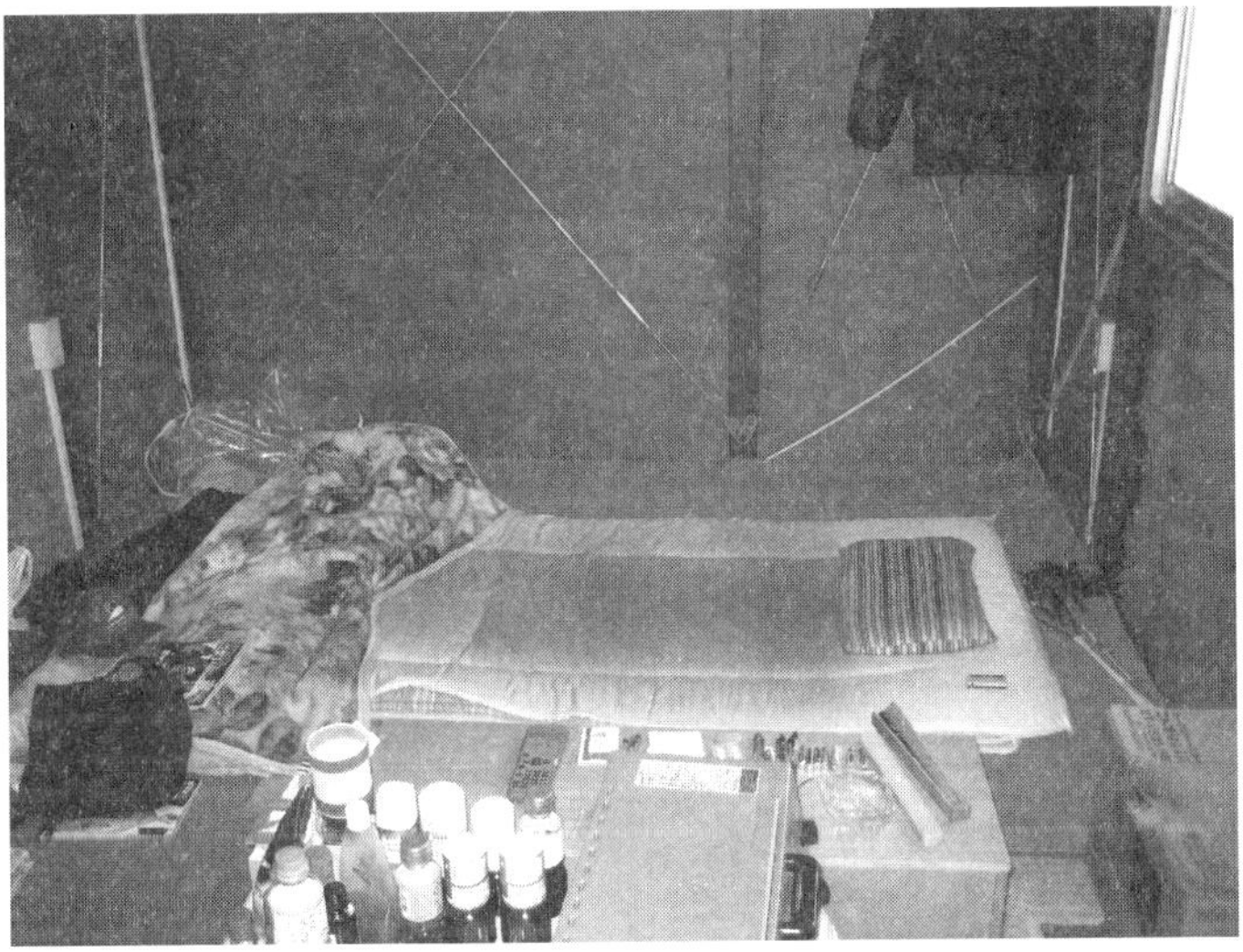

相談者が住んでいた無料低額宿泊所の一室。

行政にとって使い勝手がよい貧困ビジネス

住居を失った多くの人にとって、アパートに入ることは生活を立て直すために必要な第一歩です。ところが、不動産屋がなかなか家を貸してくれないということがよくあります。住宅弱者に対しては、行政が公営住宅を優先して紹介するという建前はあるのですが、日本の公営住宅は不足していて、今日明日に入れる施設が準備されていません。本当は行政がやらなければならない領域が手付かずになっているために、貧困ビジネスのつけいる隙ができてしまっています。社会福祉事業の看板を掲げながら、実態としては「安かろう、悪かろう」の施設になってしまっているわけです。

たちが悪いことに、こういった施設は行政も「必要悪」とみなしているため、なかなか指導のメスが入りません。むしろケースワーカーによっては、使い勝手のよいものと認識しています。行政が本来やるべきことは、一定の質が担保された第一種の社会福祉施設の充実、公営住宅の充実、そして民間住宅に住宅弱者が入居しやすくなる支援システムの整備です。どれもこれもありません。だから、貧困ビジネスが横行してしまいます。そういう施設では適切な自立支援はなされません。もっと言うと、彼らが居続ければお金が入ってくるため、自立させない方向へ向かうのです。そこで暮らしている生活保護受給者は、自立できないまま保護費をむしりとられてしまいます。

でも、ほかに住宅施設がないため、こうした施設をケースワーカーが進んで紹介しています。孤立していることの多い生活保護受給者は、契約時に保証人を立てることができません。アパート契約は難しいので無料低額宿泊所に流れ着きます。こういうことも、すべて行政の欠点から生じている問題です。

ホームレス状態にある人は路上生活を続けるか、無料低額宿泊所に入るかという二者択一を迫られたら、無料低額宿泊所で我慢するほかありません。こういった両極端の選択肢しか与えられていないことこそ、大きな問題です。

劣悪な環境の施設に入居させられると、受給者にとっても生活保護制度に対する不信感が強くなってしまいます。「保護を受けても自立できないじゃないか」、「ただ搾取されるだけじゃないか」ということで、二度と生活保護は受けないという信念を持たれてしまいます。ホームレスをしていて「生活保護は絶対に受けたくない」という人の中には、過去に保護を受けて施設に押し込められて、嫌な思いをしたことがあるという方がかなりいます。都内でも埼玉でも、路上生活をしている方に「なぜ生活保護が嫌なのですか」と聞くと、「施設に入ったことがあるけれど生活保護はもうこりごりだ」と口にされます。多くの方が無料低額宿泊所で自立を妨げられ、そこに滞留してしまったり、そこから抜け出して保護や支援を受けることを毛嫌いする。いずれにしても自立する道筋は断たれています。こういう悪循環になってしまうことが非常に残念です。

医療の「不正受給」には医療機関の監視を

最近、「不正受給」として語られる制度的問題のひとつに、医療扶助があります。生活保護受給者は、国民健康保険の被保険者から除外されます。そのため、ほとんどの生活保護受給者の医療費はその全額を医療扶助で負担することになります。医療扶助は原則的に現物で支給（病院での医療サービス提供）され、受給者には医療券が発行されます。この医療扶助を悪用し、必要のない薬などを大量に購入することで、受給者が儲けているというケースなどが報道されています。

この問題については、医療が必要かどうかを決定するのは医師であることが見過ごされがちです。診療をしたり、投薬をするのは医師にしかできません。過度な診療や服薬がなされているのであれば、当事者の不正受給というよりは、医師や医療機関の不正受給だと考えるべきではないでしょうか。医療扶助を悪用して過度に診断したり、医薬品を購入させることで診療報酬がつき、医師にも利益があります。医師が過度な診断をするのは、多く出した医薬品が転売されることを見こしつつも、自分たちの利益になるので、むしろそれを推進していることにほかなりません。

対策があるとすれば、医師や医療機関を監視することでしょう。もし生活保護受給者の方が過度な診療や投薬を求めたとしても、それは医師の倫理にのっとって拒否したり、指導することが求められます。必要のない薬がたくさん処方されて転売されていることが仮に事実であるとすれば、患者側にそのきっかけを与えている医師や医療機関に責任はないのでしょうか。患者側がすべて悪いということにしてしまうと、問題の本質にたどり着かないと思います。

生活保護は取りっぱぐれのない制度で、医療扶助は生活保護受給者が受けた分だけ支払われます。そのため、この制度はもともと、医療費を求める医療機関が過度な服薬や診療を行う危険性を含んでいます。セカンド・オピニオンや、他の専門家がチェックする仕組みを整えれば予防策になります。

しかし現状では、生活保護費における医療扶助の割合が膨らむ理由は、受給者の「無駄遣い」とされてしまっています。医師や医療機関の問題が、生活保護受給者の問題にすりかえられている。ジェネリック医薬品を利用しろとか、医療費の一部を自己負担しろとか、受給者に医療を自己抑制させるような議論がなされています。

問題の背景は、医師・医療機関の問題です。ぜひ、強い力を持つ医療側の監査なり指導を定め、そこから改善を進めてもらいたいと思います。医療費の自己負担の導入は、こうした改善策を実行したうえでまだ問題が改善しないときに限って、議論されるべきことであろうと思います。

孤立死を防げたはずの「職権保護」

ここまで、「不正受給」バッシングに対する現場からの反論について話してきました。こうした現実をみない行政窓口の対応やバッシングがもたらす最悪の事態は、生活に困窮して生活保護の相談をしてきた人たちの死です。

最近、孤立死がしばしば報道されます。ひょっとしたら、こうした死を、生活保護とは無縁であるとか、家族や地域などの「縁」の問題、個人的な死の選び方の問題だと思っている方も多いかもしれません。

わたしは孤立死に何度も遭遇しています。ひどいケースだと、死後三か月を経て発見された方もいます。亡くなって二日後に発見されたり、朝方に亡くなっていたのが夜に発見されたり。そのなかで、水際作戦どころか、生活保護を相談することすらできないまま、自宅で餓死・孤立死してしまったケースもあります。

その都度、行政に要望書を出したり、改善を求めていますが、行政はなかなか問題が発生した根本原因に言及しません。だから、ガス会社や電気会社といった生活インフラを供給する企業と連携して、なるべく早期発見に努めるとか、個人情報の問題をクリアするにはどうすればよいかなど、そういうことばかりが議論されています。

本来は、生活保護における職権保護という制度を活用すべきです。職権保護とは、生活保護を必要とする人が死に差し迫ったような状況にあるときに、ケースワーカーが本人の申請をまたずに職権で保護を開始することです。この仕組みがなぜ機能していないのかを考えるべきですが、この指摘はほとんどされていません。

生活保護法に規定があって、生活保護を必要とする人を見つけ出し、行政の職権で生活保護を支給することが可能なのです。つまり、全国で多発している餓死・孤立死事件は、職権保護を行っていなかった福祉事務所の業務怠慢によって発生しているという側面があるということです。こうした認識を社会に広げていく必要があります。

どうやって生活保護を必要とする人を発見するのかは、もちろん民生委員やガス会社・電気会社なども含めて様々な関係機関とネットワークをつくるなかで試行錯誤しなければならないでしょう。しかし現在のところ、残念ながら餓死や孤立死が発見されても、福祉事務所の職権保護の問題が語られることは滅多にありません。ましてや反省もされないのが実態なんです。

まずは職権保護の開始をなるべく増やしていく必要がありますし、そのためにも職権保護によって、どの程度の人が保護にたどりついているのかを明らかにする必要があると思います。職権保護による生活保護の開始がもっと多くならなければ、餓死や孤独死はなくせません。この点は、今後も注意深く提言していきたいことです。

窓口まで相談に来ているのに、亡くなった人たち

これまで出会ってきたケースの中には、当事者が窓口に相談に来ているのに、その直後、熱

中症で亡くなってしまったケースがあります。六〇代のお父さんと三〇歳の息子さんの二人暮らしだったのですが、家賃も電気料金もガス料金も滞納していました。保護を受けていない方でしたが、お父さんが相談へ行った履歴が福祉事務所に残っています。亡くなる三年から四年前のことでした。

失業していて生活できないと訴えたのですが、息子に若干の収入があったので、「息子さんともう少し話し合ってください」ということで帰されてしまっています。病気もあったお父さんは、まだ残暑の厳しい九月に熱中症で亡くなってしまいました。息子さんはいま、保護の申請に至っています。

さらに、六〇代の夫婦と三〇代の息子さんが餓死の状態で発見されたことがありました。六〇代のお母さんが近所の人へ生活に困っていると相談して、「民生委員さんのところに行ってみたら」と言われたのですが、民生委員のところへは行っておらず、そこで外との接触が途切れてしまっていました。この家族には借金があり、借金取りに住所が発覚することを恐れて、以前住んでいた秋田から住民票の移動もしていなかったのです。

行政もそこに引っ越してきたことを知らなくて、地域住民の方も一部しか知らない。しかし、本当は保護する必要があった世帯です。民生委員を紹介されても、借金が恥ずかしかったり、借金取りが来るのではという恐れから訪問できなくて、結局は三人で順番に動けなくなり、餓死された状態で発見されました。保護がなされていれば、未然に防げた死だと思います。

こうした事例に出会うたび、きちんと職権保護を行うよう強く改善を要望しました。でも、それから二年が経過しても、状況は変わっていません。事件が起こった自治体の首長宛てに直接要望書を出したところ、対策協議会を作ることになって、そこで検討を重ねてきました。でも、餓死や孤立死が起きる原因が、生活保護制度の運用とかなり密接につながっていることに気づいていない方が未だに多くいます。

「餓死や孤立死というのは、自分でそういう死を選んでいるのではないか」「本人が自由に死ぬ権利もあるんじゃないか」と平気で口にされる方がよくいます。「一人で静かに亡くなっていくことも、しょうがないんじゃないの」と容認してしまう。わたしは論外だと思います。

本当は貧困状態だったり、孤立していたのではないか。そんな可能性を想像する力が乏しすぎます。結局、亡くなる人たちに対しても、「自己責任」のような、「本人が選んでそうしている」という見方がされています。誰にもつながらなくていいかのようにしてしまっている社会の側に問題があると思います。孤独に亡くなってしまった人たちに対して、「人間らしい死」とか「その人らしい死」という言い方をする人もいますが、批判的に考えなければならないことです。一度でも孤独死の現場を見てしまえば、安易に「死ぬ人の勝手」だなんて言えません。その死が主体的に選択した、ご本人の希望通りの死であるとはとても思えないからです。

関心も専門性もないケースワーカーたち

わたしたちの事務所に相談に来る人の九割は、すぐに保護が必要な人たちです。福祉事務所に来る人たちも、ほとんどがそうだと思います。まず始めるべきことは、申請をさせず、相談だけで済ませて追い返してしまった人たちの生活状況を調査して、保護が必要な人に対して職権保護をかけることだと思います。熱中症で亡くなったお父さんのケースでも、窓口に行った時、息子さんにどのくらいの収入があったのかさえ聞いていないんです。わたしが支援するときの感覚からすれば、普通はどのくらいの収入があるか、安定して収入を得られるのかということを確認します。ところが相談を受けるケースワーカーは、その人の切迫した状況について関心を持っていません。結局、他人事だという姿勢で臨んでいるんじゃないかと思います。

福祉事務所の職員は、多くが大卒のエリートです。貧困家庭の出身者はほとんどいません。わたしは、「福祉事務所のエリート化」と呼んでいます。貧困状態に至るのは本人の努力が足りなかったからだと思っている職員も多いでしょう。そもそもどうして貧困状態に陥るのかという構造を把握していない人が福祉事務所の第一線に立っています。

彼らの意識は、言葉の端々に出てきます。「努力すれば何とかなるでしょう」とか、「これまで貯金してこなかったあなたにも責任があるんですよ」とか。多くの人の状況を見ていくと、自分の生活のために努力ができる環境がありません。努力すれば何とかなるという非現実的な言葉は、貧困に対する認識があまりに甘いために出てくるのだと思います。努力するための土台が崩れていることへの想像力、共感力のないケースワーカーが現場には多く見られるのです。そういう能力を鍛える努力が、ケースワーカーに必要なのではないかと思います。

形式的でない、実用的できちんとした養成・研修プログラムがない限りは、こうした現状は改善されないだろうと以前から痛感しています。彼らは、あくまでも公務員の一般事務職として採用された人たちです。もともと専門家ではないんです。しかも一～三年で異動があるため、専門性は高まりませんし、十分に知識や技術が継承される機会もありません。ケースワーカーや対人援助職は、人の人生や命に関わる重要な職種であり、きわめて高い専門性が必要です。

こうした困窮者支援のための国家資格の代表的なものに、社会福祉士資格がありますが、そうした資格はケースワーカーになるために、制度上は必要とされていません。一応、福祉事務所の職員のうち、ケースワーカーである現業員と、その指導監督を行う査察指導員については、社会福祉主事という資格を取得していることが社会福祉法に規定された条件となっています。

しかし、社会福祉主事は、指定された三〇以上の科目のうち三科目の単位を修得して、大学を卒業するだけで、誰でも取ることのできる資格です。異動が決まってから研修を受けて取得することもできます。ケースワーカーになるために、一般事務の広範な知識は求めても、対人援助に必要となる高い専門性は求めていない仕組みが続いているのが現状です。

さらに、生活保護の福祉事務所の査察指導員・ケースワーカーは社会福祉主事でなければならないと規定されているにもかかわらず、実際にはこの資格の保有率は七五％程度です。四分の一ほどが無資格で社会福祉法に違反しながら、支援をしているということになります。社会福祉主事は、社会福祉士と比較しても、決して専門的ではない資格なのに、それすらもっていない人たちがそれなりの数で職員になっている。こんな状態では、ケースワーカーに人権感覚や多様な福祉の知識・技術をもつことを期待することが不可能であると考えざるをえません。

［注］　生活保護の要件については生活保護法四条一項に規定されており、「保護は、生活に困窮する者が、その利用し得る資産、能力その他あらゆるものを、その最低限度の生活の維持のために活用することを要件として行われる」と書いてある。続く二項では「民法に定める扶養義務者の扶養及び他の法律に定める扶助は、すべてこの法律による保護に優先して行われるものとする」としている。これが扶養義務の法律的な根拠であるとされがちだが、一項と異なり、「要件として」という言葉は使われていない。そのため、この二項で扶養義務について述べているのは、仕送りなどの扶養援助がおこなわれたときに、それが収入認定され、保護費が減額されるという意味であると考えられる。

二〇〇八年には厚生労働省でも、「扶養が保護の要件であるかのごとく説明を行い、その結果、保護の申請を諦めさせるようなことがあれば、これも申請権の侵害にあたるおそれがあるので留意されたい」という通知を出しているくらいです（昭和三八年四月一日社保第三四号厚生省社会局保護課長通知「生活保護法による保護の実施要領の取扱いについて」第九の二）。

また、この生活保護法制定時の厚生省保護課長の小山進次郎氏は、著書『生活保護法の解釈と運用』で、この二項の解釈について次のように述べている。「一般に公的扶助と私法的扶養との関係については、これを関係づける方法に三つの型がある。第一の型は、私法的扶養によってカバーされる領域を公的扶助の関与外に置き、前者の履行を刑罰によって担保しようとするものである。第二の型は、私法的扶養によって扶養を受け得る筈の条件のある者に公的扶助を受ける資格を与えないものである。第三の型は、公的扶助に優先して私法的扶養が事実上行われることを期待しつつも、これを成法上の問題とすることなく、単に事実上扶養が行われたときにこれを被扶養者の収入として取り扱うものである。而して、先進国の制度は、概ねこの配列の順序で段階的に発展してきているが……新法（引用注＝現行の生活保護法）は第三の類型に属するものとみることができるであろう」。

3

死ぬときくらい、人間らしく

孤立死は「緩慢な自殺」

二章では、生活保護の「不正受給」批判が孤立死をもたらすという構図を説明してきました。ただ、生活困窮者の「死」といっても、なかなかイメージがしづらいかもしれません。そこでこの章では、わたしが支援活動のなかで実際に見てきた孤立死について、話していきたいと思います。

餓死・孤立死してしまう人たちの多くは、社会との接点が少なかったり、社会から孤立している場合がよくあります。家族にも頼れないし、親族にも頼れません。さらに知人や友人も、金の切れ目が縁の切れ目というかたちで、すでに頼れなくなっている場合もあります。

仕事をしていない状態であれば、「あいつ今日出勤していないな。どうしたのかな」と様子を見てくれる人や心配してくれる人もいません。孤独死されてしまう方のなかには、病気を持っている人も多いのですが、病院に行くお金もないという状態でもあります。そのため、孤立死しそうな状態であっても、発見されにくいという状況にある人が非常に多くいらっしゃいます。

わたしは孤立死を「緩慢な自殺」であると考えています。社会に自分の居場所がないし、誰にもみとられずにひっそりと死んでいってていいんじゃないかと、生きることをあきらめてしまう方が孤立死してしまっています。だから、生きることを助ける制度や、生きることを助ける関係性を復活させることが必要だと考えています。

そういう人たちのために、わたしたちは支援活動の中で「憩いの会」という活動をしています。社会参加の場所づくり、居場所づくり、仲間づくりの場です。これを月に一回の頻度で開催しています。みんなで集まって、食事して、会話して、というサロン活動です。これらの活動は、デイサービスや作業所などのかたちでも行われていますし、フェイスブックやツイッターのように他者との接点をインターネット上で持つ機会も増えてきたかもしれません。このように、誰かとつながっていれば、餓死・孤独死のリスクは減少されると思っています。

場合によっては、生きる意義をいっしょに探していくことも、支援のひとつだと思っています。枠にあてはめがちな支援、社会福祉がどうしても多くて、仕事をすることが五〇代だったらあたりまえだとか、こうあるべきだ、という何かの価値観や規範に基づいて、支援や関わりを持たれてしまうこともあります。そのような一定の価値観にひとくくりであてはめるのは不可能だと思っています。そもそも生きることに絶望している人たちもいますから、まずは生きているだけでいい、という受容をすることから始めます。その次に、生きるための支援ということになります。

先ほどのように、「いっしょに楽しくお花見してみましょうか」とか、「いっしょに食事して世間話でもしましょうか」という活動です。そのような活動は、一見すると遊んでいるように見えるかもしれません。でも、そういう場所での居場所づくりだとか、承認されるような体験だとか、やっぱり自分は生きていて存在価値があるんだという気づきのような場をどうつくれるかということも重要です。

出会ってちゃんとかかわっていける間柄になったのだから、一緒にがんばっていきましょう、という関係性をつくる。このことに対して、わたしは常に自覚的に考えています。「とりあえず藤田に言われたから生きている」という場合でも、なんでもいいんです、生きようとするきっかけって。「一緒に道を模索してくれたから生きている」と言ってくれる方が多くいるし、「藤田さんがいなければ死んでいるよ」と言う方もいます。まずは、生きている目的も意義も必要ないから、生きているだけでいい、存在しているだけで尊いと思います。

様々なことに絶望し、孤立しており、楽しい話をする関係性もなく、生きることが精一杯という方たちも多くいる状況です。生きていることの意味すら見いだせないということが多くあります。幼少期から虐待を受けたり、貧困家庭で教育も受けられなかったり、やりたいと思うことが自由にできなかったり、「希望を持つことが絶望につながる」経験をたくさん持っている方も多いのです。そのような環境で生きていれば、自分の命を絶つという選択肢が自然に生まれてくるでしょうし、そのような思想に至ることは当然だと思います。それを普通にさせちゃいけないということですし、それは社会の側に何らかの方策が必要ということを示しています。若い女性や年配の方、さまざまな立場の人が死にたいと口にされます。ここでは、「日本社会で生きることに絶望している」というのが共通点としてあがります。相談者のうち八割程度は、「本当は死にたい」って口にされます。冒頭でも述べたように、生活保護を受けている人は、受けていない人に比べて、二・二倍、自殺率が高いことも厚生労働省から報告されていますす。貧困や社会的孤立は、自殺の大きなリスク要因であることがわかります。

支援が足りず、自殺された人たちのこと

わたしは、支援していた方の自殺も経験しています。その一人に、五〇代後半の男性がいました。この方とは最初に路上で出会い、「体の調子が悪いから生活保護を受けたい」というこ

とで生活保護を申請し、アパートに入ることができました。最初の一～二回は病院にも付き添って同行しました。

このとき、本人自身に生きる意欲がなかったようでした。離婚も経験されている方でした。「これまで家族のためにずっと働いてきて、自分はなんのために生きているのか分からない」と言っていました。「このままポックリ死ねればいいんだけどね」なんて笑い話のように。

その後は、支援者がたくさん関わっていましたので、わたし自身は「病院に行っていますか?」と高血圧の持病を気遣う電話でのかかわりでした。おっちゃん本人は、「行ってるよ。約束したから、病院だけは忘れずに行ってるよ」と言っていたのですが、実際は行っていなかったようです。夏の時季に病気が苦しくなってしまったらしく、アパートで自殺されていました。死後三日ほど経ったころに友人が訪ね、遺体を発見しました。もっと密に連絡をとりながら、継続的に支援していく体制が必要だったんです。

三〇代で自殺してしまった方もいらっしゃいました。生活保護を受けたものの「就職してください」というケースワーカーからの圧力が強かったようです。本人はうつ病があって、なかなか働けないにもかかわらず指導は厳しかったんです。「がんばって働け」とばかり言われるつらさから、アパートの中で自殺してしまいました。きちんと居場所を作って、悩みや話を聞けるような場があれば、自殺を防ぐことができたのではないか。そういう反省から、現在は生活保護受給者が集まって楽しく過ごすサロン活動に取り組んでいます。

これまで支援が足りなかったことばかりでした。いまだにそれを実感することがあります。うまく関わりを持てないことは、まだまだ多いです。特に、こうした自殺に至ってしまったケースの場合、深く反省させられます。なぜ生活保護を受けても生きることができないんだろう。そこまで支援して、わたしたちとの関係もある程度構築できていたのに。結局、その人は心を許してくれなかったのか。心を許してくれていたとしても、生きる意欲を見出したり、この先の生活に展望を感じることができなかったのではないか。そういうことまで見据えて支援を組み立てなおさないと、やっぱりダメなんです。

その人の立場にたって解決する必要があります。生活保護の申請につながれば、あとは自分で仕事を探して生活を立て直せる方もいます。しかし、亡くなってしまわれた方たちに対しては、こちらの見方が甘かったと反省しました。

でも、もうその人たちにはどうすることもできない。本当はどう思っていたのかすら、聞くことができない。だから、反省しながら日々の実践に生かしていくしかありません。

死ぬときくらい、人間らしく

わたしは、たくさんの「死」にあってきましたが、その最初の経験は忘れられません。六〇代で新宿の中央公園にテント住まいをしていた男性でした。わたしが学生だったころ、夜の公園で一緒にお酒を飲んで、「また来週も飲もう」と話して別れ、翌朝に訪問してみると冷たくなっていました。ボランティア、周囲のホームレスのおっちゃんたち、そして警察と救急車を呼びました。あっけない死でした。

衝撃だったのは、近くにはレストランがあったり、屋根のある場所はたくさんあるところなのに、彼は外で死ななければならなかったということでした。死因は、凍死でした。お酒を飲んで、冬場の厳しい寒さの中、テント住まいで暖房器具も消して寝てしまっていました。少なくとも、家の中ではこんな風に命を落とすことはないよな……、と強く思いました。山谷や池袋などでは、こんなふうに人が死ぬんです。毎年必ず、凍死で何人も路上で亡くなっています。

二度目は、先ほど紹介した、病院に通わずアパートで亡くなってしまった方です。そして、三度目が自殺してしまった方。それぞれ支援活動を通じて関わった方だったので、とても大きな衝撃がありました。

ほかにも、かかわった方が何人も、アパートの中で亡くなっています。ご遺体が運ばれた後に霊安室で対面したり、病院で亡くなりました。多くの死を見てきて思うのは、人間としての最期の終わり方は、せめて社会的に容認できるかたちであってほしいということです。病気ならば、少なくとも一定程度の医療を受けた上であるべきです。わたしが最初に出会った「死」は、誰にも手を差し伸べられず、医療など当然受けたこともないケースでした。

わたしたちの支援する人には五〇代、六〇代が多いのですが、貧困状態にあると栄養状態も悪いので、そのくらいの年齢でも亡くなってしまうことがあります。ですから、せめてまっとうな死に方をしてもらおうと思っています。支援者でも友人でもいいんですが、誰かに看取られながら死ぬ。これが最低限ではないかと思います。

最期にどういう状態で亡くなったのか。これは支援をする上でもとても重要なことだと思います。その人の人生が、どのようなかたちで終わりを迎えたのか。一人で亡くなると、外傷などがなくても警察に変死体として扱われ、事件性がないかどうかを確かめられます。時には遺体の解剖も行われます。だから、いつ、なぜ死んだのかが誰にもわからないような状態ではなく、その人にかかわっていた医師でも看護師でも身内でも近隣の人でも、誰かがその人の死を証言することができるようにしたいんです。

多くの場合、支援者が関わらなければ、家族がいても遺体の引取りを拒否される場合がほとんどです。これまで出会ってきた何十件の死の中で、遠方の家族が引き取ったケースはほんの二〜三件です。遺骨も引き取ってくれません。

また、解剖後の扱いは非常にぞんざいなものだと感じています。わたしたち支援団体はどれだけ故人と関係を築いていても身内ではないので、遺体がどうなったかと情報提供されることもありません。警察には守秘義務がありますから。解剖の結果がどうだったのかは、大きな事件性がない限り、わかることはありません。ケースワーカーから何となく聞くことができるくらいです。

そのため、せめて屋根のあるところで、誰かの目の届くところで死を迎えられるようにしていきたいと思っています。医師の死亡診断書をもらえるだけでも、一種の安心感すらあります。こういう理由で死んだんだ、路上ではなく病院の中で死んだんだ、とわかりますから。

「健康で文化的な最低限度の死」を

支援した方の中には、まれに看取られながら亡くなった方もいらっしゃいます。ある五〇代のおっちゃんがその例です。すい臓の末期がんでした。本人は「あわせる顔がないから」とご家族と連絡を取りたがりませんでした。でも最期が近いことはわかっていたので、「誰か家族はいないんですか」って聞いたんです。そうすると、実は別れた奥さんと娘がいると話してくれて、住所も教えてくれました。昔の家族写真も大事にされていて、ぐしゃぐしゃになった財布の隅から出てきました。ご家族に連絡をとったら病院まで駆けつけてくれて、何とか死の間際に会うことができました。数時間の短い時間でしたが、貴重な時間を昔話で共有し、最期は泣きながら亡くなられました。

ごくまれに、そういう看取りのある死があります。でも多くの方は、孤独感にさいなまれながら亡くなっていきます。ほとんどの方が、最期は誰かと接しながら死んでいきたいと思っています。そういう家族がいなければ、わたしたちが看取ることで多少なりとも安心してもらえないかと思っています。

「俺が死んだら、棺桶にこれ入れてくれよ」という人がいます。野球選手から唯一届いたファンレターのお返しの手紙とか、そういうものを大事に持っていて、その人らしい遺品の要望があるんです。支援者がそれを覚えておくと、亡くなった後にも「あ、そういえばこういうことを言ってたな」とか言いながら、部屋の中から探して棺桶に入れることもできます。その人が死んだ後も、生前の思い出を話せる人がいて、手を合わせる人が一人でも二人でもいて、その人にまつわる品が棺桶に入る。これが、「健康で文化的な最低限度の死」だと思います。

一方で、変死として扱われる人はその後も大変です。だれも遺骨の引き取り手がいない。その人の人生は、その人の六〇年、七〇年の歳月は、一体なんだったんだろうと考えてしまいます。

多くの方が、自分はそういう死を迎えるだろうと覚悟しています。だから、自分自身が路上で亡くなると思っていたり、アパートに入った後も、誰も看取ってくれないだろうと諦めています。「あの人が亡くなったのでお葬式に行きませんか」と誘うこともありますが、「明日は我が身だし、現実を見たくないので行きたくない」と答える人もいます。本音では、安心したい、一人では死にたくないと思っているんだと思います。

人は一人で死ねないし、一人で死ぬべきじゃない

　実はわたしも、こうした遺体を目の当たりにするまでは、自分の死について、「一人でひっそり死んでいくのもいいかな」と思うこともありました。相談者の中にも、「一人でひっそりと死にたいんだ」と言う方もいらっしゃいます。

　しかし、亡くなると、警察も救急車もケースワーカーも来ます。死因を確認します。人はひっそりと死ねないんです。「迷惑をかけないで死にたい」という希望を叶えるのは無理です。迷惑をかけない死なんてありません。だから最低限、死ぬときは、こういう人に伝えておこうとか、看取ってくれる人間関係を作っておくとか、そういうことを考えておく必要があります。でも、そもそも人は一人で死ぬべきではないとわたしは思います。自分ひとりだけで死んでいこうとは思わないでほしい。自殺したケースで、その方を批判することはできないんですが、その人と接した人はたくさんいるんです。自殺することを何とか躊躇してもらいたいと思っています。「どうせ少ない人間関係だよ」と思うかもしれないけど、今身近な人がいなくても、子どものころの学校の先生だったり、友人がいますよね。そうした人が、死んだ後にどう思う

か少し想像してみてほしい。最期のときだけでも、そういう人たちに関わってもらえたらと思っています。

人の死と多く向き合う中で、わたし自身の死生観も変わりました。ひっそりと死んでいってもいいとは思えない。わたし自身は、宗教の信仰はありません。もちろん、信仰で生活や精神を支えている方もいらっしゃいますし、信仰を否定するつもりはありません。日本のように熱心な信仰が少ない社会だと、個人に確固とした規範が少ないので、生きづらいのかもしれません。いま、若い人たちの間で自殺が増えています。何もよってたつものがない無宗教・無党派は、死を思いとどまらせるスイッチが少ないのかもしれません。

自分ひとりで考えて生きていくことって、とても力のいることだと思います。だから、一部分でも一緒に考えることで支えていきたいと思っていますし、そういう関係が広がっていってほしいと思います。

わたしの活動でも、当事者の希望につながることを見つけるということは簡単ではありません。むしろ、希望につながることはあまりないと言ってよいと思います。希望につながることは、本人に見つけてもらうしかなく、わたしたちにできることはそのきっかけを提供することくらいです。色々な努力をしたところで、それが成功しているかどうかも実は全然わからないんです。

ご本人が生きる意味をいっしょに考えたり、脇にいて、ああだこうだいうだけしかできないとき、限界があるということを痛感します。自殺するひとをゼロにすることは、むずかしいと思います。しかし、可能な限りゼロに近づける、そのための努力を続けるしかありません。

八年目に心を開き始めてくれたおじいさん

貧困状態にある方たちにとって、わたしたちの支援が迷惑なのかな、と思ったこともあります。わたしが大学生や大学院生のときです。ホームレスの人に訪問して声をかけても無視されたり、「俺は困っていないからほっといてくれ」と言われることもありました。そのため、わたしたちが訪問する必要はないのではないかと悩みました。

ホームレスの人が生活する周辺に住んでいて、散歩に来ていた地域住民の方から、「ホームレスの人はやる気ないし、生活に困っていないから、余計なことはするな」と言われることもありました。

さらに、テントや廃車になった自動車の中で生活しており、声をかけても入り口を開けてくれない人もいました。それどころか、わたしが訪問するとテントへ避難してしまう人さえいました。完全に部外者なんですよね。行ってみてあきらかにわかりました。そのため、訪問や支援しなくてもいいように、自分を納得させる材料は山ほどありました。

訪問四回目のときに、その状況に変化があった人がいました。彼がこれまでの対応や話していたことは本音ではなかったんだ、ということに気づかされました。「面白半分で訪問する人はいるけれど、まじめに話を聞いてくれる人はいなかった」と一人のホームレスの人が話してくれました。毎回毎回、くりかえし関係性を築いていくことが重要なんだと気づかされました。

そのように「団子でも食っていけよ」とか「コーヒーでも入れるから飲んでいって」と、少しずつ心を許して話してもらえる関係性ができるようになると、様々な話をしていただきました。「ホームレスの人は好きでホームレス生活しているんだ」と思われがちですが、そうではないということに気づきます。また、「ホームレスの人は生活に困っていない」というのも間違っているということも気づきます。いろいろな悩みや生活課題を多く抱えているからです。ホームレスの人に限りませんが、メタメッセージと言いますが、その人の隠れた本音や本心、メッセージ性をぼくらがくみとれていないだけではないかと思うのです。

今も当時もその人の真意ってなんだろうと悩むことがあります。「ひとりで死にたい」とか、

賃貸住宅に転居した、ホームレス生活10年のNさんと。

「ほっといてくれ」とか、その言葉の持つ意味を考えてしまいます。

誰でもすぐに心を許さないというのは、当たり前だと思います。一緒に酒を飲んだり、食事したり、世間話をしたり、何かをする時間を共有するから心許して話ができるのだと思います。

当然、一回、二回しかホームレスの人に関わっていない人たち、あるいはイメージだけでホームレスの人を判断している人たちは、「ホームレス生活を希望しているんだな」とか「好きでしているんだな」と思いがちです。関わる回数や共有する時間がまだ足りないのだから、そう思ってしまう理由も理解できます。だから、本音を引き出すまで支援や関わりを継続することが大事です。知ったような気にならず、本音が何なのか悩み続けることが必要だと思います。信頼関係を築いて、その人とずっと関わっていく中で出てくる言葉が本音ですし、それが出てくるまで関わり続けることです。「俺はこのままでいいんだ」という発言を真意としてとらえてしまうと、そういう人にホームレスの人は心を開かないでしょうし、関わってほしくないと思われてしまいます。

今もさいたま市内の河川敷で八年くらい路上生活をしているおっちゃんがいます。最初から一貫して、「俺はずっとこのままでいいんだ」と言ってこられた人です。ところが、最近たまに事務所に寄ってくれるようになりました。そのおじさんも心に変化があるようです。

「六〇歳近くなってきて、さみしくなってきたんだよな。体も自由がきかなくなるし」とボソッとつぶやかれます。「これからどうしましょうかね」と一緒に考えながら、結論はまだ出ないのですが、考えていくことを続けることが大事だと思います。今は支援が必要ないと思っても気持ちが変わるかもしれない、心情に変化があるかもしれない、そのような動的な存在として、関わりたいと思います。

逆に「この人はこういう人だ」と決めつけてしまうことは、その人の変化や可能性を見逃してしまうことにつながります。長期的なビジョンで、その人が行動変容することや心情の変化に目を向けながら、たまに訪問する、あるいは緩いつながりを持っているだけで、その人が変化するきっかけが出てくるかもしれません。このように本音で話すには、時間がかかりますし、ホームレスの人に限らず、わたしたちすべての人が同じです。様々な問題に時間をかけて対話すること、それを社会は怠っているのかもしれません。答えをすぐ見つけがちになっていますし、安易な答えを見つけ、それが正解だと思い込むことで安心しているのかもしれません。「この人はこうだからほっといていい」というように。

4

ほんとうの自立を支えるために

生活保護を抜け出す一番の理由は「死亡」

生活保護からの自立支援が話題になっています。

突然ですが、生活保護の受給者が、生活保護から抜け出す一番の理由をみなさんはご存知ですか。統計を調べると、「廃止事由（生活保護が打ち切りになった理由）」が分かります。そのほとんどは「死亡」なんです。なぜ生活保護の廃止事由に死亡が多いかというと、高齢者が多く受給していることも関係ありますが、自立支援が丁寧になされていないケースも多いからです。

自立支援は、やり方が問題です。ここでも繰り返したいのが、一章でも言及したソーシャルワークです。日本語にすると社会福祉援助技術といいますが、一般的にはソーシャルワークと呼ばれています。わたしたちはこのソーシャルワークという手法を実践しています。この章では、この実践の具体例についてご紹介します。

ソーシャルワークとは、改めて説明すると、相談援助を科学的に行うということです。今そういう団体や機関は、日本にはほとんどありません。ケースワーカーや団体のスタッフが、いわば経験や勘にもとづいて、支援をやっている状態なのです。ソーシャルワークは、この人にはこの量の支援が必要だと、専門性を持ちながらアセスメント（調査）をして、実証的に進めていくことが一つの特徴です。

それらにもとづいて本人をエンパワーメント（自立的に生きられるように力を引き出すこと）し、トータルな支援をしていく。ケースワーカーの就労指導は、その人の人生を左右します。ケースワーカーの決定は、保護受給者の生活にとって大きな影響を及ぼします。だから本当は、常に「なぜその決定をしたのか」の根拠をきちんと示すことができないといけません。

支援が必要とみなされた人に対して、病院に付き添ったり、心の疾患がある場合には精神科に行ったり、どういう生活課題を解消すればその人は楽になるのか、自立に向かっていけるのかは、本来は一人一人オーダーメイドで、十人十色ですすめるべきことです。福祉事務所では人員不足や、専門性が不足しているという現状があるので、なかなか対応が十分にはできていません。人員や専門性が不足しているため十分な支援ができず、受給者の自立が進まず増える一方となり、さらに忙しくなって人員が足りないという悪循環になっています。

だから支援も対症療法的になりがちです。ホームレス支援というと、炊き出しなどのイメージが定着していると思います。そのほかには、食事提供、衣料提供といった物品支給でしょう。

それだけではありません。就労支援といったかたちで、働くところ、住むところをセットで提供しようというものがあります。従来の支援は、これらが主なものでした。

しかし、それだけで、本当に支援したことになるのでしょうか。なぜそのひとがホームレスになってしまうのか。生活再建には何が必要なのか。

ほっとプラスが特徴的なのは、その人自身の問題に対して、丁寧に接して把握しながら（これをアセスメントといいます）問題分析をして、その人の抱えている生活課題を解消、ないし減少、緩和をしていく、ということです。

ギャンブルやアルコール依存は自己責任じゃない

わたしたちは、しっかりアセスメントをしながら、生活課題をなくしていく取り組みをしているので、中には長期戦になる方もたくさんいます。たとえば、アルコール依存、ギャンブル依存があるために、生活保護費を生活をよくするために使えない方がいます。

ギャンブルやアルコールに生活保護費を使ってしまうことも「不正受給」であるかのように言われています。まず理解すべき重要な点は、こうした使途は不適切であったとしても、違法ではないということです。生活保護費の使途は自由ですから、ギャンブルに使おうが、アルコールに使おうが、法的には何ら問題はありません。

問題は不正受給と不適切使用がごちゃごちゃになり、受給者に批判が向かってしまっていることです。このように、受給できた資源を自分の生活に還元していくことができない状態を、専門的には「財をサービスに転化できない状態」と言いますが、そういう状態の人たちは少なくありません。彼らを指して、無責任なマスメディアや政治家は「不正受給」だと非難しますが、これは本人が悪いということではありません。

もちろん、生活保護費の不適切使用について、ケースワーカーが介入すべきだとわたしは考えます。支給された生活費が本人の生活の改善に使用されていない状況があるということなので、本来であれば、そこで支援の手をいれて、なぜお金が上手に使えないかを調査していくことが重要です。お金の管理の仕方を教えたり、何らかの依存症がある場合には、治療を受けさせることは、ケースワーカーの大事な役割です。

そもそも、ギャンブルで生活が成り立たなくなっている人は、ギャンブル依存症という病気です。本人だけの力では解決できない症状を患っているのに、保護費をパチンコやギャンブルに使っていることを、単に本人の意思の弱さの問題として、彼らが悪いと決め付けるのは間違っています。アルコールやギャンブルは、日常生活の苦悩など対処しきれない現実を一時でも忘れさせる手っ取り早いストレス解消方法です。社会福祉では、そのような相談者の状況は、ストレス対処能力を習得できていない状態だと考えます。

問題となるのは、常に支援のシステムの力です。生活困窮者のことなどどうでもよく、単にバッシングをしたいとか、単に経費を削減したいということを目的としているのならともかく、現状を問題だと考え、冷静に改善しようとするならば、行政には具体的に何が足りないのか、どう対応できるかを考えることにしか解決の道はありません。

そのため、アルコール依存があったり、借金をしていたり、家がなかったり、コミュニケーションが取れなかったり、複合的にいろいろと生活困難な問題を抱えていらっしゃる方に対しては、親身になって寄り添いながらかかわっていくという関係性が必要です。生活の一部に一緒にかかわりながら、生活を見守りながらやっていくということです。これは既存の支援システムにはなかなか出来ないことです。

また、お金を渡すだけで終わってしまう現在の生活保護制度の下では、野宿をされていた方に提供できる住まいは、無料低額宿泊所や救護施設くらいしかありません。行政はこうした施設を紹介しますが、施設に入れて以降は保護費を支給するだけで行政の支援は止まってしまいます。

わたしたちのＮＰＯには、こうした施設で生活されていた方たちの相談もたくさん寄せられます。支援団体であるわたしたちＮＰＯが受け皿となる施設をつくり、社会資源を生み出していく機能を持っていこうということで、シェアハウスやグループホームをいくつも運営しています。

このように、わたしたちのＮＰＯでは、単に生活保護の相談を受け付け、生活困窮しているから申請を支援するだけではなく、それ以上のアセスメントを行っています。こうした活動を意外に思われる方もいるかもしれません。この章では、わたしたちの活動を紹介しながら、それが相談者の方たちの本当の意味での自立にとって、どのように必要不可欠なものであるか、説明していきたいと思います。

一人一人丁寧に援助の内容を判断し、実証的に支援していくような組織がどうしても必要です。これまでは社会から疎外されている人を、行政が仕方なく支えるという仕組みでした。大きな制度の枠組みを転換していくことは難しいと思いますが、これからは市民活動の仕組みを少しずつ取り入れながらやっていかなくてはいけません。

「上から目線」のケースワーカーの限界

自立支援の対象者は、ほとんどが稼働年齢層です。彼らは失業や病気などで生活に困窮しているために、自立できないという場合が多いです。一方、生活保護の相談に来られる高齢者や障害者の方の場合、いずれも支給される年金が低すぎるということに本当の問題があります。そのため、障害者と高齢者は、年金制度が充実されれば、生活保護制度を利用しなくてもよい場合も少なくありません。

わたしたちが主に自立支援をするのは、障害予備軍（障害があるけれど手帳を持っていない人）だったり、DVを受けてきた人だったり、生活がうまく回っていかない、所得を上げるだけではどうにもならないという人たちです。こうした人たちからの相談は増えており、ここに支援の必要性があります。

かつてなら彼らを家族や地域社会などが支えたはずでした。しかし、こうした集まりは、もともとプライバシーや人間関係などに問題をはらんでいましたし、現在は機能を低下させており、これからはこうした人たちの支援を行政が担っていく必要があります。しかし、いまはそのセーフティネットが追い付いていません。

そこで、ノウハウを持ったNPOが支援に協力する必要があると思います。

これまで見てきたように、行政による支援の実態は、行政が生活保護法を勝手に解釈して運用し、生活保護を受けられる人を選別して決めるというものでした。これを変えなくてはいけません。決定は行政がしなければならないことですが、その決定に緊張関係を持って意見を言っていく、対案を出していくことが必要です。

そしてもう一つ、生活保護を受けている方に対する支援のあり方の問題があります。これは個人個人に、複雑ないろんな要素が絡み合っていますから、行政の中だけでは支援ができません。端的に言って、行政の人では、相談者のアパート契約の保証人になれませんし、仕事の際の保証人にも、身元引受人の役割も果たせないと思います。さらに、きめ細やかな訪問もできていません。当事者にとっても、行政の人間というだけで壁を感じてしまいます。

生活保護の相談を受けていたら、実は養育手帳の申請が必要だったという人や、障害者福祉のサービスを受けないと生活ができなかったという三〇代の男性がいたこともあります。一般的に福祉事務所に「働けるでしょう」と追い返された人の中にも、重厚な支援を入れないと問題解決に至らないというケースがあります。

自殺したいという五〇代、六〇代の方にもたくさんめぐりあいます。丁寧に、なぜ自殺したいのかを聞き取り、わたしたちが人としてどうかかわるのかということが問われてきます。まずは「生きるだけでいいんです」という言葉を伝えていくしかありません。これは行政だけではできないことです。

行政だけでは対応が難しいケースとして、刑務所から出所してきた人への支援の問題があります。その人を支援する方法は、法務省管轄による支援施策か、厚生労働省管轄による支援施策を利用するべきなのか、どちらが責任を果たすべきかで議論がありました。

たとえば、更生保護施設は法務省が管轄する支援施設です。救護施設や無料低額宿泊所は生活保護に関連する厚生労働省管轄の施設です。支援現場では、出所した人を支援する施設はどこにするか、どのように支援するべきか、未だに一部で混乱が生じています。このような行政施策の縦割りのなかで、当事者が右往左往させられてしまう事例もあります。

しかし、役所だけではこの垣根を超えるのは不可能ですし、当事者にとっても、支援施策を主体的に選べるような情報も与えられていません。分野横断、制度横断で支援施策をその人にあった場所で利用し、コーディネートできる立場の人間が必要です。

そこで役に立つのが、ＮＰＯなどの民間の人たちです。その活力を生かさないと、自立支援はうまくいかないでしょう。

支援のプロフェッショナルが足りない

こうしたことに気付いている政治家は多くありません。とはいえ、行政の現場職員はその必要性を感じていると思います。ただし、なかなか内部からの改革は難しいですから、外側から政策提言をしたり、次から次へとこういう人が相談にくる状態を生み出していていいのかと問いかけるソーシャルアクション（5章で説明します）によって、制度や社会を変えるような勢力とならなければいけないと思います。最近は、相談を受けるだけで終わらず、その相談者が抱えている生活課題は、その他の地域住民も抱えている課題ではないかと想像するようにしています。相談に来られる方が増えてきてわかったことですが、相談内容に共通する解決困難な問題を抱えています。

たとえば、よくある相談は、失業して家賃滞納をし、アパートを追い出されてしまった事例です。福祉事務所へ収入がなく家賃滞納しているので、「もうすぐホームレスになってしまうかもしれない」と相談しても「住み込みの仕事など探してみてください」という回答が寄せられるだけで、支援してもらえなかったというものです。これは生活困窮を福祉事務所が把握し、生活保護制度利用など適切な対応がなされなかった事例です。このような対応をされた相談者が共通して抱える課題は、「福祉事務所の不適切あるいは違法な対応」です。そのような共通の課題が持ち上がった場合はどうしたらよいでしょうか。

わたしたちは、行政への改善のための意見書の送付や福祉事務所への要望、地方議会への要望や政策提言、新しい第三者が発見支援するシステム構築やネットワーク化などが必要になり、その取り組みを行っています。

これらのソーシャルワークにはレベルがあります。現場で相談支援を行うことを「ミクロのソーシャルワーク」といいます。たくさん相談があれば、その地域で多い相談の背景にある課題を解明して、その地域の方に働きかけをしていくことが「メゾのソーシャルワーク」とか、「メゾレベル」と言われます。地域の、行政に対する働きかけですね。

これに加えて、「マクロレベル」では、生活保護制度そのもののあり方を議論すること、社会保障制度をどのように構築していくのか考察するソーシャルワークもあります。その際には、相談支援におけるミクロから制度改革を求めるマクロへの連動性をもった実践活動にしなければいけません。それができる組織がないと、貧困問題は解決していきませんし、なぜその相談者が目の前に現れてきているのか、社会構造の問題であると気づけないと思います。それに気づけないまま、相談支援を行えば、貧困に至るのは個人の努力不足による自己責任という安易な結論にも結びついてしまいます。残念ながら、いま福祉事務所の中でやられていることは、ミクロレベルの支援が主体であり、その支援も十分ではないという現状です。

だからこそ、わたしたちが目指すところは、ミクロレベルからマクロレベルへの連動性をもったソーシャルワークを、いかに地域に定着させるか、制度を構築するかです。

現行の制度でも、福祉オンブズマンや、いくつかその機能を担えるところはあると思いますが、そういった市民活動やＮＰＯをどれだけ育成できるかが、今後のカギになっていきます。「小さな政府」や公務員削減の流れがあり、公務員を増やして福祉を担うことは考えにくいです。一定程度は市民活動やＮＰＯがかかわっていかないとダメでしょう。

そこで、信頼関係が築けるような団体や、ケースワーカー以外の第三者が必要だと思います。日本弁護士連合会では、生活保護法の中に自立支援扶助を導入し、ケースワーカー以外の第三者が支援をするための枠組みを設けたらどうかという提言を四年くらい前からずっとしています。わたしたちもこれには賛成です。これまでのように、公の人による「上から目線」での支援ではないかたちでの、支援者が必要だということです。

その可能性は、ＮＰＯや社会福祉士などにあると思います。専門のスキルをもったプロフェッショナルが民間支援の現場にも必要です。

こうした民間の力を社会保障に生かしていくことが、ここ数年の政府の中でも「新しい公共」という言葉で進められてきていました。そして、社会保障審議会でも、生活支援の在り方について、公的責任をあいまいにすることなく、民間の支援団体やＮＰＯを増やしていこうとする方向で議論や取り組みが進んできています。

就労支援に必要な専門性とは何か

行政の人と常に議論をする中で思うことは、一つの側面しか見ていないということです。「仕事を探しましょう」と仕事をしてもらうことしか見ていない。人の生活は、非常に多面性を持っています。その人にとっては、趣味が優先したいことになっていたり、仕事より育児が頭を悩ませていたり、いろんな悩みがそれぞれにあります。一つの側面だけ、一つの価値観だけでその人を支援するというのは非常に危険なことです。だから多様な側面から支援していくような関わり方を取れなければ、就労支援自体もうまくいきません。

ホームレスだった方が路上生活から抜けて、不動産契約をしている様了。

わたしはいま、仙台市で被災された方に対しても、若者の労働問題に取り組むNPO法人POSSEと協力して、就労支援に携わっています。被災されて、仕事ができないという人たちの多くは、同じような環境です。仕事がなくて生活に困っているから「仕事をしてください」と言っても仕方がない方が多くいらっしゃいます。例えば、子どもの保育園を探さなくてはいけないという方もいれば、病気を持っていて、まずは治療に専念したほうがいいという方、精神科病院につなげてトラウマを解消しなければ働けない方など、さまざまです。

いま日本では、高齢社会と核家族化の進行などで、介護や育児がより問題になってきていますす。仕事ができない理由は、介護や育児に限らず、病気や障害などさまざまです。それらの「就労阻害要因」をしっかり聞き取り、適切な支援を行わなければ、就労は継続してできません。

そして、コミュニケーションスキルの向上も重要です。人によって、他者とコミュニケーションをとる機会が少ない場合、会話に慣れていなかったり、自分の意思を十分に伝えられないこともあります。職場に入ったとしてもコミュニケーションが取れなくて、職場で孤立してしまい、それがストレスになって仕事を続けられないという方がいます。コミュニケーションを高める場や機会の提供が意外と大事だということに気づきます。これまでの生活の中で人間不信になってしまった方もいれば、信頼できる大人にこれまで出会ってこなかった方もいます。一〇代や二〇代の方では、特にそういう方が顕著で、コミュニケーションをとることに臆病な状態で相談に来られます。また、本音で語り合える人がそもそもいない場合もあります。困った時に相談できる人がいて、誰かに相談していいんだと、生活の中で実感する経験も少ないのではないでしょうか。

一方で発達障害や精神障害、知的障害が理由でコミュニケーションを取れないという方もいます。あるいは、どちらかと言うと本人の課題というより、社会の側、企業の側に配慮がある程度必要だという方もいらっしゃいます。そこをどうしたらいいのかというのは、それぞれ人によって違います。障害の特性や、本人の性格、そういったものを把握しなければ支援に結び付きません。そこをどう把握するかも、支援者の専門性が問われるところです。

生活保護を一〇日で使い切ってしまうおばあさん

わたしたちが関わっている知的障害のあるおばあさんがいます。この方はもともとホームレスをしているところに、わたしたちが声をかけたことで出会いました。六〇代の方ですが、当初は「生活保護を受けたくない」と言っていました。生活保護を受けるといろいろと難しいことを言われ、福祉事務所から様々な管理がされるのだと思い、支援を受けることを嫌がっていました。そのおばあさんは、わたしたちがいなければ、ホームレスのままになってしまっていたと思います。実際、一人で窓口に行けば、「生活保護を受けたくないなら、別に受けなくていいですよ」と福祉事務所に言われてしまいます。そのまま追い返されて、ホームレス生活を継続してしまうというのが、わたしたちが関わらなかった場合の典型例です。ホームレスの人たちであっても、生活保護に対する抵抗感が強いのは、これまでも繰り返し説明してきたとおりです。しかし、家族や親族に扶養をしてもらうにしても、個人で我慢するのも、限界があります。

このケースでは、おばあさんを説得しながら、福祉事務所につなげて、生活保護を受けてもらい、一時的にアパートに入ってもらいました。そこで見守りをしながら、話してみて気づいたことがあります。彼女は生活保護費をもらっても、すぐに全部お金を使ってしまいます。食べ物に使ってしまうし、高価な花を買ってしまうし、あるときは不必要であろうカーペットを買ってしまいます。生活保護費をもらってから、一〇日くらいで使い切ってしまうという方でした。

ようやく生活保護が受給出来ても、そのあとはお金が有効に使えないので、支援がない場合、家賃滞納をしてアパートを追い出されてしまうでしょう。そこで知的障害があるため、療育手帳の申請を行い、その後は社会福祉協議会に金銭管理をお手伝いしてもらうことを依頼しました。社会福祉協議会には、日常生活自立支援事業という事業があり、金銭管理から月々の返済や支払い、計画的にお金を使えるような支援を一緒にしています。

また、おばあさんは「仕事をしたい」という希望があったので、仕事を一緒に探しました。しかし、仕事に就いた後もおばあさんは無断欠勤してしまいます。知的障害があり、コミュニケーションが上手く取れないため、嫌なことがあると家から出られなくなってしまいます。そこで、会社の方に知的障害があることやおばあさんの特性を説明して、支援をお願いしたり、無断欠勤しても解雇にしないように配慮をお願いしました。このように仕事をすることも支えつつ、彼女はいまも仕事を継続しています。そういうかたちで社会参加しながら、生活費の半分は、生活保護を受けながら、半分は就労収入を得ながら暮らしています。今では「ジョブコーチ」という知的障害や精神障害のある方の就労を支える専門家が増えてきましたが、今後も必要な人材であることと思います。

日常生活の中でわからないことが多い場合は、手取り足取り一緒に行うことが必要だと思います。生活全般にわたって、仕事のこと、お金の管理のこと、日常の買い物のこと、一人ではできない部分を支えながら、一つ一つ関わっています。

このようなおばあさんは、ケースワーカーや行政のシステムだけでは、支える体制を築くことは困難だと思います。今までは、おばあさんのように様々な支援が必要な人は、地域生活ではなく、何らかの施設に入所していたのかもしれません。また、精神科病院に入院させられていたのかもしれません。地域で支援システムを使っても暮らすことが困難であれば、病院や施設に入れてしまう方法が一般的で、施設や病院、そして貧困ビジネス施設もまた、地域から排除するシステムとして機能してしまっています。しかし、わたしたちは一貫して強調しているのですが、そういう施設や病院を、最終的な居所や居場所として認識するのではなく、一時的に利用するものという位置づけでなければいけないと思っています。

まずは、地域でその人の生活を支えるシステムを整えていかないといけません。地域で支えることを根付かせることが、社会的にも有益であることが、わたしたちの実践の中で提示できるように進めていきたいと思っています。

「ジョブファースト」より「ウェルフェアファースト」を

「ブラック企業」という言葉をよく聞くようになりましたが、何でもいいからと勤め始めると、雇用環境が劣悪だったり本人に合わない仕事だったりして辞めることになり、また半年後には生活に困ってしまう。だから、福祉事務所は単発の仕事を紹介して生活保護から排除するだけではダメなのです。本人がその仕事に長く就くことができるのか、適性はあるのか、本人が自立するためのキャリア形成にとって、その仕事はどんな意味を持っているのか、こういうことを精査していく必要があります。

ソーシャルワークにおけるアセスメントは、就労意欲はあるか、働ける能力はあるか、病状は回復しているか、就労継続を阻害するような要因はないか、目に見えない障害はないか、様々な視点から多角的に就労支援を行います。現在の生活の状況を総合的に判断し、優先順位をつけて、日常生活や社会生活を支えた後に、就労を促すものです。

しかし、ケースワーカーにその重要性を伝えても、多くの人は「社会通念上、まずは働かなくてはいけないでしょう」と、まったく根拠のない、そのケースワーカーの恣意的な判断で、人の人生を左右しかねない決定を平気で行ってしまいます。

このように、わたしたちの支援の特徴は、環境がしっかり整備されてから、最終的な段階として就労を目指す、というかたちです。

生活保護からの就労支援というと、よく見られる方法が、ジョブファースト型（仕事優先）です。生活保護費を削減することを目標として、就労のための環境も整わないまま、ほとんど強制的に働かせるように追い立てるという手法が散見されます。しかし、わたしたちが目指している方法は、それとは全く異なります。ウェルフェアファースト（福祉優先）とわたしたちは呼んでいますが、日常生活や社会生活などの活動がしっかりできるという環境が安定して、最終的に行きつく先が就労とならなくてはいけません。

一足飛びに就労だけを目指してしまうと、当然ですが半年や一年しか就労が継続しないということになってきます。社会福祉がまず先にあるべきで、就労はその先にあるという認識が重要になってきます。しかし、いまの日本では残念ながら、就職したかどうかという就職率の数字ばかりが求められてしまう現実があります。就労支援で一番重要なのは、就職率ではありません。むしろ、就労継続率だと思っています。つまり、単に就労するだけではなく、いかに長く就労できるか、そのための環境をいかにつくれるか。また、安定して生活できるだけの所得水準の仕事となっているのか、丁寧に支援をしていかなければいけません。

しかし、現在の生活保護制度では、残念ながらそれができていません。そこにもソーシャルワーカーのように、就労支援と銘打った生活全般の支援があるべきです。相談をされる人たちのなかには、就労阻害要因が沢山あるという方がいます。就労阻害要因の削除や改善がなければ、就労はできたとしても継続しません。これは、わたしたちの一つの結論です。そのための支援の在り方は、実際に案件が来て、その方のケースについてケアプランを立てて、きちんと自立生活ができていない条件や原因を詰めて、それに従って、評価しながらやっていくということです。就労阻害要因の削除や、改善をなくして、行政が「就労した」と言うことはできたとしても、要支援者たちが就労を継続することは、まず不可能です。そして、強調しておかなければならないことは、「まずは働け」、「何でもいいから働け」は禁句だということです。ある程度の仕事上の満足感ややりがいがなければ、離職してしまうリスクがあります。

また、離職した際には、支援をしてもらって、それでも就労継続できないという自分を責めてしまう要因にもなりかねません。就労支援は、その人の主体性を尊重し、丁寧なアセスメントに応じてなされなければ、自立自体を阻害してしまうことになりかねないと認識する必要がありあます。生活支援同様に就労支援もその人の人生を左右する決定に携わることですので、慎重に丁寧に進めていきたいと思います。

母子世帯の支援は、就労のまえに育児

就労支援の対象となる人は、若年層や母子世帯のお母さんなどです。でも、お母さんには、働ける場所があっても、働いているあいだに子どもを安心して預けられる場所がなければ、働くことができません。これは先ほどの繰り返しになりますが、介護の必要な家族がいる場合も同じです。そのような働くために解消しなければいけない条件のことを、就労阻害要因とお伝えしてきました。そういった方の自立支援としては、まず就労を阻害する要因が何なのかということを分析しなければならないと思っています。女性だけではなく、男性も同じです。

育児上の悩みを抱えていたり、精神疾患があり働けない状態にあるという方もいます。そういう状態にあるときに、「仕事を探しましょう」と言っても、自分の心の整理がされていないのに、仕事に集中できません。就労を安定して継続する土台が壊れていたり、ない場合は修復や構築しないといけません。土台抜きに家を建てることはできません。就労支援と称して、「とりあえず職に就きましょう」という支援は、いわば土台がなかったり、無視して家を建て

ることと同じ意味です。

就労支援を行い、生活保護から脱却することは、なかなか成果が上がっていません。それは雇用環境が厳しく困難なだけではなく、専門家が丁寧なアセスメントに基づき、就労支援を行う体制が整備されていないことが大きな理由だと考えています。生活全般を見ながら、その人にとって仕事はどのような位置づけにあるのかも考察しながら支援しない限り就労継続は困難です。

「今の悩みはなんですか」と聞けば、本人もまずは「仕事がないとだめです、仕事を探したいです」と口にするでしょう。その「仕事を探したい」という思いが表出する背景には、なぜ仕事を探したいと焦っているのか、その仕事を探したい、仕事がないという以外に、本人が口にできていない生活課題があるのではないかということを見る必要があります。仕事を探せる状態なのかということを、本当は見定めないといけないところです。

さきほどあげた母子家庭の場合、保育園に通えていないのは、典型的な例です。保育園に通えていなくて、育児をしているのに働くための支援と言っても、当たり前ですが、育児が優先されなければ働けません。パートタイムで働くということもできますが、十分な収入が得られる状況ではありません。

育児上の悩みがあって、子供を愛せないという状況を持たれている方もいますので、本来は仕事以前に育児の方の支援を入れないといけなかったり、生活を支える、生活支援制度を入れていかないといけないという方はたくさんいます。わたしたちが活動する中で、ケアプランをまず一人一人のために立てますので、「今はじゃあ病気を治しましょう」とか、「今は一緒に保育園を探しましょう」など、生活支援をするということが多いです。

一度の就職失敗でも、自尊心を大きく傷つける

仕事を探したいという一つだけのニーズなら、ハローワークが効果的かもしれません。しかし、先ほどから繰り返しているように貧困状態にある方にとっては、仕事を見つければ自立できるという安易な就労支援だけでは自立はできません。キャリアカウンセラーによる支援も大事ですが、生活課題も複合的な場合は、社会福祉士、精神保健福祉士などソーシャルワーク技術を駆使する視点・機能が必要になってきます。

そして、就労支援は失敗できないもの、人生に重大な影響を与えるものという認識が携わる人に少ないことを懸念しています。十分なコミュニケーションをとることなく、雇用の場につ

ながっても就労継続できないということは書いてきました。不十分な就労支援によって就労継続が出来ず、離職してしまい、再度生活保護制度を利用する人も見受けられます。その際には「やっぱりだめだった」と、自尊心を傷つけられてしまっています。これだけ頑張って面接を受けて、せっかく仕事を得たにも関わらず、続けられなかったとなると、心が傷ついて戻ってきますので、またもう一度仕事を探していこうというモチベーションは、極めて低下してしまいます。またモチベーションが残っていたとしても、あきらめや無気力な感情を持たれることも自然なことです。

さらに、面接試験を何回も何回も断られることも稀ではありません。「お前はいらないよ」と直接的・間接的に言われ続けるなかで、モチベーションをあげることは非常に困難です。就職難の大学生にとっても同じですし、生活保護受給者にとっても大変辛いことです。だから問題は、こういう失敗経験をたくさんさせて、伸びる方もいるという認識ではなく、「失敗は許されない」という覚悟で、就労支援に携わっていただきたいと思います。その際に、雇用環境と就労継続性を考察してもらわなければ無責任ではないかと思っています。

地域住民の理解や協力がなければ自立はできない

わたしたちの相談支援活動で重要視していることのひとつに、地域住民との交流や地域住民の理解をすすめてもらうこと、対話を行っていくことがあります。ホームレスの人の支援施設をつくったり、住居を探したり、相談支援活動を行っているなかで、地域住民との軋轢に出会う場面があります。例えば、自治会長のお宅へ訪問し、自治会に支援施設を建てて支援活動をしたいと話したときには、「ホームレスは特殊な人たちで、うちの地域の問題ではないから、ほかでやってくれ」とか、民生委員へアパートに入居された方の支援の協力をお願いに行った際には、「うちの地域は無関係なのだから、これ以上知らない人たちを連れてこないでくれ」といった発言があります。

このような地域の現状がある中で、少しずつですが、様々な機会で説明をしながら、支援活動をすすめています。その人の状況を説明しないといけないのですが、説明しても理解してもらえない場合もあります。精神障害者の支援施設や高齢者の特別養護老人ホームなど、福祉施設が建設される際には、地域間コンフリクトが起こりますが、同じように様々な疑念が持たれ

ほっとプラス関係者の集合写真。

やすい中で活動を展開しています。最近はホームレス支援だけではなくて、刑務所を出所された元受刑者の支援もしていますが、説明をする際には、地域住民の態度がより硬化します。

長く関わってくださる地域住民の人たちは、よく交流し、支援活動に協力してくださる方もいます。わたしたちが活動している中で、ある程度活動が事業化し、規模もそれなりに展開できているということは、理解が広がってきているという表れだと思います。しかし、多くの地域住民には貧困やホームレス問題にまだ関心を持ってもらえていないと思います。

理解者や協力者を広げていくことが今後の課題だといえます。地域住民も全員が支援活動に反対というわけではありません。理解者と共同しながら生きる場をつくりだすということ、承認の場をつくっていくということが大事になると思っています。貧困に苦しむ人や生活課題のある人を承認するということは特別なことではありません。本当は多くの方にできることだと思います。

たとえば、活動に理解のある女性の民生委員は、生活保護を受けてアパートに入居したホームレス経験のある二〇代の男性に、「社会の見方は厳しいかもしれないけど、いろいろ事情があるんだろう。困ったことがあったらいつでも頼っていいのだからね」と声かけをしてくれました。幼少からいじめ経験を有し、学校生活になじめないまま、自信を喪失して成人を迎え、いわゆる引きこもり状態でした。母親との死別をきっかけに誰にも頼れずホームレス状態になった男性は、生きていることだけで精一杯という状況です。そのような男性を受け入れてもらえる地域や住居、システムがあれば、そのなかでその人は様々な言葉や承認を力にして、前を向くことができるかもしれません。安心して、自立していくための基盤をつくることができるかもしれません。

逆に「二〇代の男性が生活保護を利用するとはおかしい。甘えているのではないか」と責めてしまえばどうだったでしょうか。実は、何の事情も説明しないまま、二〇代の男性と生活保護がセットになると非難の対象となることの方が多いと思います。稼働能力がある生活保護受給者を責めても働けるわけではありません。みんなが承認して支えていくということが大前提で大切になってきます。そういうシステムにしないと、生活保護受給者がそこから自立していくことは狭き門になってしまいます。

元ホームレスの当事者の言葉のもつ力

貧困問題やホームレス問題を知ってもらうためには、実際に支援現場を見てもらうことにつきると思います。現場に一緒に入って見てもらって、当事者の人の話を聞いてもらうことが大事です。当事者の話を聞いてもらえれば、理解してもらえたり、理解できないとしても新しい気づきが発生します。

「仕事を探しているんですけれど、なかなか見つからないんです」という発言だけだと探し方が悪いのかな、真剣に探しているのかなと思いますが、「でも実は病気があって長時間労働ができないのです」という発言が続けば、就労阻害要因が病気だとわかってもらえます。「それは確かに仕事が見つからないですし、大変ですね」ということになります。そのため、政治家や民生委員、自治会など様々な場で当事者の方と一緒に参加して、話をすることがあります。

貧困問題に無関心であったり、支援活動に反対する人にも受け入れる素地はありますので、あきらめずに続けたいと思っています。自分と当事者の人と、パートナーを組みながら、現状に対して支援が必要で、そのために協力してもらえないか、という説明責任が常に求められています。今だけを見れば、支援に協力してくれる人を増やすということですが、長期的には誰も排除しない地域に変革がなされていくのではないかと思っています。

当事者の方が自分の言葉で貧困や体験を語るということは、誰にでもできることではありません。自分の抱えてきた問題について納得して、理解して、自分の振り返りができている方でなければ難しいと思います。支援が長いこと続いていて、エンパワーされている人が自発的に過去の体験を語ってくれています。

たった二人から広がった支援の輪

このようなわたしたちの現場の活動は、まだ十分足りていません。そして、相談支援内容が広範に及ぶため、法的な根拠が乏しく、予算がつきにくい現状があります。そのためにNPOや支援者は様々な工夫をしながら、予算確保に努力しています。予算がつけば、いろいろな支援が構築でき、貧困問題の解消に寄与できるでしょう。

詳しくは後半で述べますが、社会保障審議会の議論を受けて、これから五年、一〇年は相談支援業、特に対象を選別しない相談窓口にどれだけの予算をつけられるかが社会福祉発展のカギになると思っています。そして、先進事例として取り組んでいるものを制度として転換していかなければならないと思います。恒常的に予算がつくような制度にしないといけないということです。

先進的な活動を支えるものとして、単年度の補助金や委託事業というシステムは、これまでにも取られてきました。そうではなく、社会保障制度の中に「対象を選別しない対人援助」をシステム化しなければ、増大する貧困や格差社会のニーズに追いつかないと思っています。二〇〇〇年に社会福祉基礎構造改革が行われ、増大する介護需要に対し、介護保険制度が確立したことは画期的であり、今後の目指すべき道も同様に制度化することで一定の需要に応えられるものになることでしょう。

ボランティアスタッフを含め、今も活動は需要とともに広がっています。しかし、わたしが最初に活動をはじめたときは、たった二人だけで、ホームレスの人に対する訪問をおこなっていました。埼玉県内の河川敷を回って歩き、ホームレス問題があることに気づいて取り組んでいるのは、ごくわずかな人たちでした。活動を八年続ける中で、ボランティアスタッフや社会福祉士など専門職も多く活動に参画してくださいました。また、貧困の拡がりとともに反貧困ネットワークという団体を組織するなど、多くの危機感を持つ人たちが結集する場所が出来てきています。

NPO法人ほっとプラスには、いろいろな相談が舞い込みます。コアスタッフがいて対応していますが、予算もつかないため人が足りません。コアスタッフの人に同行して、実践しながら訓練をしていく、オン・ザ・ジョブ・トレーニングの形でボランティア養成もしています。

同行訪問をして、その中で当事者に付き添ってもらって学んでもらう。まだボランティア数も増やさないと需要に対応できません。

一方で、わたしたちのような団体がなくても、生活困窮者を生まないような地域、生んでも対応できる地域づくりも目指しています。よく「ホームレスの人がいるのですが何とかしてもらえますか」といった連絡をいただきます。何とかするのは、当事者や地域住民やわたしたちが協働しなければいけないことです。一緒にそれぞれの人たちが協力して、支援していくような地域を目指していきたいと考えています。

5

生活保護改革をこう考える

片山さつき参議院議員からわたしへの攻撃

二〇一二年六月、お笑い芸人の母親の生活保護受給に関する生活保護バッシングのなかで、実はわたし自身も、批判の渦中にいました。お笑い芸人の批判の急先鋒であった参議院議員の片山さつきさんから、参議院の特別委員会において、わたしの関わっていたNPO、そしてわたし個人を対象とした批判を受けたのです。わたしが民主党政権下で設立された社会保障審議会特別部会に参加し、生活困窮者の支援施策を検討している最中のできごとでした。

この批判じたい、事実無根の攻撃であり、怒りを覚えます。しかし、片山議員の生活保護に対する批判はこれにとどまりませんし、彼女の議論を待っていたかのように、現場を見ようともしない生活保護改革が議論され、実際に着手され始めています。

この章では、いままさに進行している、こうした生活保護制度の改革案について批判していきたいと思います。また、片山議員による私への批判についても反論したいと思います。

自民党や日本維新の会の生活保護改革案

生活保護制度改革に関しては、自民党案をはじめ、大阪維新の会（現・日本維新の会。以下、維新の会）案など、まったく現実への影響をかえりみない考えばかりで、何でもありというか、どうなってしまうのかと、激しい危機感をもっています。

自民党案では、生活保護基準の一〇％引き下げ、親族の扶養義務の強化、不正受給対策の徹底などが出されています。また、維新の会では、いわゆるフードスタンプという用語を使い、生活保護の生活扶助費の一部を現物給付にしようという、アメリカで導入されている案が出ています。さらに維新の会では、学習院大学の鈴木亘氏らの提案により、生活保護受給者が働いたときに、最低賃金制度の適用除外にしようという案も、大阪市西成区を対象とした特区構想の一環として検討されていると話題になりました。

フードスタンプもそうですし、最低賃金適用除外などを認めるというのは、基本的に二級市民、劣等処遇をその人に認めていいのかという議論が必要です。生活保護受給者はなぜ指定された食品を購入しなければならないのか、生活保護受給者はなぜ最低賃金以下で働くことが容認されるのか。

生活保護法は憲法で保障されている基本的人権としてその人の暮らしを支える制度となっています。また、そうした法理念のもとに成り立っている法律ですので、このような提案が実施されれば、憲法違反の恐れが強いと思います。これらの議論は、片山さつき議員らが主張されている「権利ばかり主張して義務を果たさない」人たちに対する制裁であるようにしか思えません。

貧困にあるのは自己責任なのだから、わたしたちは普通に買える物を買えなくさせて、フードスタンプで、限定的な商品だけ買えるようにしようとか、貧困に至った人は二級市民であり、一般市民と比べて劣っているのだから、この程度の生活や福祉、雇用を提供するだけでよい、というものでしょう。

残念なのは、弁護士出身の市長がこのように、憲法や生活保護法に対する認識に乏しく、遵法精神が低いところです。また立法関係者、法律をつくる国会議員がそういった差別的な思想から出発して生活保護を語るということが非常に恐ろしいと思います。

生活保護基準引き下げは前提から間違っている

ナショナル・ミニマムである生活保護基準が切り下げられようとしています。自民党の田村憲久厚生労働大臣は「生活保護に関する議論の結論として、生活保護基準を下げないということはない」とも明言しています。これは国民の最低限度の生活水準を引き下げるという意味です。影響があるのは、国民のすべてです。生活保護受給者だけではありません。生活保護基準が引き下げられると、さまざまな社会保障に影響を与えます。日本には最低生活費を定めた基準が生活保護以外になく、多くの社会保障が連動しています（注1）。

こうした引き下げの必要性の根拠とされているのが、生活保護水準が年金や最低賃金を上回っているという逆転現象です。

特に現状では、生活保護を受けている人の多くが高齢者、傷病者や障害者が占めています。生活保護受給世帯の二〇一一年度の内訳は、高齢者世帯四二・五％、障害者世帯・傷病者世帯三二・六％、母子世帯七・六％、その他の世帯一六・九％です。

ただ、近年は特に、この「その他の世帯」の受給が増えています。ここには、稼働年齢層でありながら、失業中で収入がなかったり、収入があっても最低生活費に満たないような世帯が含まれます（図3）。

この「その他の世帯」の数字をもって、働く意志のない若者が生活保護の受給者の大きな割合を占めているという主張がありますが、この数字にも慎重にならなくてはなりません。「その他世帯」の全世帯員のうち、約半数は一〇代以下と六〇代以上です。働ける世代とされる二〇～四〇代はわずか三割弱です。高齢者だけで構成されている世帯は「高齢者世帯」に分類される一方で、高齢者に加えて他の年齢の世帯員が入っていると「その他の世帯」に分類されてしまうため、このような数字になってしまうわけです（図4）。

このように、高齢者の受給が増えている問題は、年金制度がすでに機能していないということを意味しています。

年金支給額が生活保護基準を下回っていることのデータとして、二〇一〇年四月の厚労省の発表によると、単身高齢者世帯では、四三九万世帯のうち一〇六万世帯が生活保護基準以下で生活し、二人以上の高齢者世帯は三五万世帯がこの基準を下回っているということです。このうち生活保護を受けているのは、単身高齢者世帯では四四万世帯、二人以上の高齢者世帯では五万世帯です。かなりの数の高齢者世帯が生活保護費以下で暮らしている現状は、ほんらい年

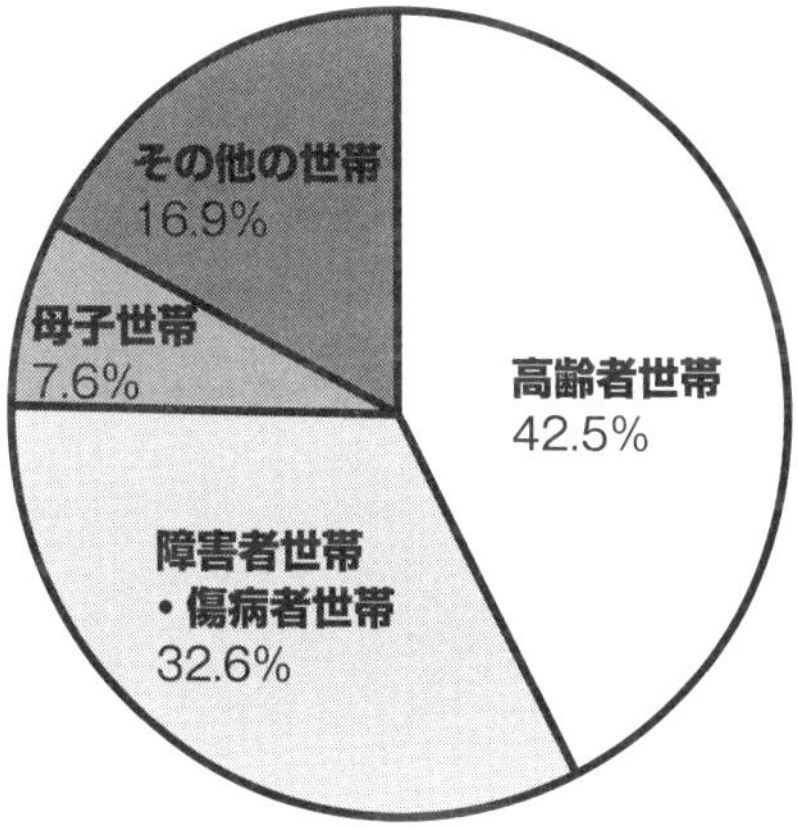

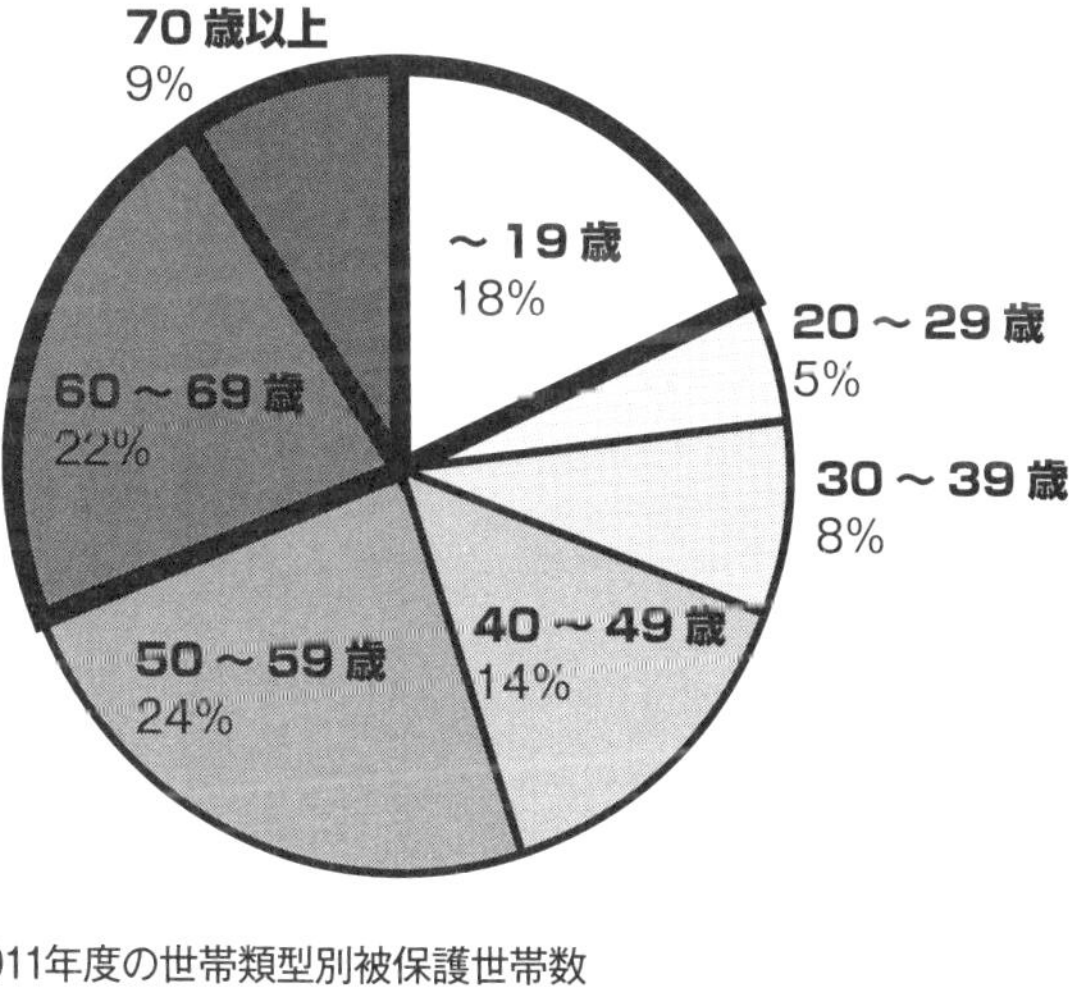

上・図3　2011年度の世帯類型別被保護世帯数
（平成23年度　厚生労働省　福祉行政報告例）

下・図4　2009年度の「その他の世帯」における「世帯員」の年齢階級別分布
（厚生労働省　第1回社会保障審議会　生活保護基準部会資料）

金額を是正すべきです。

昔は高齢者や障害者を家族が扶養するため、年金額が低くても、ほかで補うことができたかもしれません。しかし、今は核家族化が進行し、親族扶養にも限界がある時代で暮らしています。親族扶養を強化しても親族は扶養できないのです。だから、本来は年金制度の改革も必要です。生活保護基準を引き下げて、解決するものは何一つありません。

継続的に労働することが難しい高齢者や傷病・障害者には、最低保障年金や傷病手当、障害年金で最低生活に必要な所得を保障することが考えられます。最低保障年金については、居住、医療、介護が社会保障としてなされたうえで、生活扶助以上の金額が、すべての高齢者に保障されることが必要です。生活保護での老齢加算にあたる加算も考えられます。

さらに、働ける年齢層についても、雇用がここまで不安定で、就労環境が過酷なものになっている日本では、生活保護受給者が増えていたとしても、不思議なことではありません。若い人のうつ病患者も増加の一途をたどっています。非正規雇用やワーキングプアという言葉が広まるほど、若者が働いても普通に暮らせるだけの賃金が支給されていません。年々給与額も下がっている状況があります。もちろん、安定した雇用をつくっていくことは大事ですが、特に稼働年齢層に対する支援や求職者のための制度は、これからようやく作りはじめるという段階

協力するNPOや弁護士らと、生活保護改革についての記者会見。

です。それまでの間は、生活保護で支援せざるを得ません。死なないために、追い込まれないために、若者も生活保護を積極的に利用しようという意味はそういうところにあります。若者も生活保護を受けたいのではなく、受けざるを得ないのです。

若い人ががんばって働いても、最低賃金ぎりぎりで仕事を続ける人たちが多い中では、健康保険料や年金の負担もあるので、そもそも生活ができるだけの労働が保障されていません。そんな現場がたくさんあれば、生活保護にその人たちが入ってこざるをえません。ですから、生活保護の問題だけをフォーカスした改革、生活保護基準の引き下げになってしまえば、そういった人を苦しめていくこととイコールです。最低賃金の引き上げによって、稼働世代における逆転も解消されなくてはいけません。

生活保護基準引き下げの大きな問題は、相対的に苦しい中で年金生活をしている人、最低賃金で暮らしている人、生活保護で暮らしている人、多くの人の生活が苦しくなってしまうということです。この認識がまず大前提として必要なのですが、感情論が先立ち、冷静な議論が進められていません。

「財政負担」のまえに、生活保護費は義務的経費

生活保護費の削減をめぐる議論で、必ずでてくる論点は、「財政負担」です。生活保護法は、苦しい財政であっても国民の命は何にも代えがたいものはないというスタンスでつくられています。生活保護法制定時の厚生省保護課長の小山進次郎さんは、戦後間もないころに生活保護法を作ることに参画したわけですが、国の財源が枯渇していても、まずは率先して予算をかき集めてでも、その人たちの命を保障していこう、生活を守っていくことに国の力を割こうということで構想されています。生活保護費が義務的経費であり、最優先に保護予算を確保しなければならない理由になっています。

このように、そもそも生活保護法は、国民の生命や暮らしに直結するものだから、予算がないから生活保護基準を引き下げるようなことがあってはならないという趣旨です。だからこそ、生活保護費が国の予算を圧迫しているから、削減するということを許してはいけません。

予算がないなら他の予算を削減したり、工面をして保護が必要な人、福祉が必要な人たちに提供していけるようにすることが政治や行政の果たすべき役割です。今の政治家がやってるこ

とは、まったく逆の議論です。それを支持してしまう国民がいるということにも、危機感があります。これまで先人が作ってきた社会福祉が逆の方向に行ってしまっていること、このあと残される次の世代に十分な社会福祉の制度として引き継げるのか、大きな危機感があります。

わたしたちの息子や孫の世代になってしまえば、生活保護法など理念も制度も瓦解しているのではないか、という危機感もあります。そうならないように全力をかけたいと思います。

厚労省・社会保障審議会特別部会に参加して

さきほど少し触れましたが、わたしは二〇一二年四月から二〇一三年一月まで、厚生労働大臣の諮問機関である社会保障審議会「生活困窮者の生活支援の在り方に関する特別部会」に委員として参加しました。現場の支援に関わる団体の者が行政の審議会に入ることで、大きな責任を感じました。ソーシャルワーカーとして、政策提言などの活動はソーシャルアクションとして、実行してきましたが、議論しながら、制度や施策を実際につくる作業に参画するのは、はじめてのことです。

審議会が提出している生活支援案については、様々な視点から議論が繰り返されてきました。

簡単ですが、内容をご紹介するとともに、今後の支援施策を一緒に考えていただけたら幸いです。

そもそもこの生活支援案は、既存の法律の網から漏れる人たちへの対応策を考え、新しくその人たちを支援しようと構想してきました。しかし、現在は支援できる人がいない、そもそも人材育成をどうしたらいいのかなど、支援者側の意識、行政の生活困窮者に対する見方、法律整備などが課題でした。雇用の劣悪さなどを理由に稼働年齢層が貧困になり、次から次へと生活保護に至るなかで、ようやく何とかしなくてはいけないということで、支援団体への支援も含めた支援体制の整備が議論されてきました。

厚労省のなかで若手官僚の方とも議論できて、同じ問題意識を持ち、支援体制の整備をしていくことには共通認識が持つことができたと思っています。これからの日本社会に関するデータをみれば明らかに、年金も払えなければ、健康保険料も払えず、低賃金で働いている人たちが多いし、減る見通しが立たないです。そこで次の世代を担う若者たちがつぶされていってしまっています。わたしたちの相談窓口にも若者からの相談も寄せられ、既存の社会福祉や福祉関係者の意識・知識では対応しきれない状況が進行しています。これまでホームレス支援を行ってきた人たちにも、共通する危機感がありました。厚労省や支援団体の垣根なく、どうしたらよいのか議論が進められたと思います。

ただ、福祉制度の財源をどうするのかという大きな課題もあります。日本の生活保護費がGDPに占める比率は、先進諸国でも極端な低さです。しかし、生活保護制度に関する予算を取ることに、そもそも多くの人が納得しない状況があります。社会保障費や社会福祉費は、今も低いにもかかわらず、まだ下げろという論調です。また、「自力で生きていけない人たちを国や政府は助けるべきとは思わない」と回答する人が三八％いるという状況です。生活保護受給者の自立支援や生活支援などは、将来への先行投資であり、必要な予算であるにもかかわらず、効果がすぐに見えにくいため、理解が得られない状況が続いています。厚労省は、一定の予算をつけながら、支援のあり方を改革したいのです。しかし、財源がないというのが同じ省庁である財務省の論理であり、それを支持する人たちが多いのも事実です。そのため、予算をどこから捻出するのかが、大きな課題となっていましたし、今後の課題であるといえます。

そうした背景をもとに、審議会にも二つの方向性が混在していたと言えます。一つは、生活保護受給者や生活困窮者への支援を充実させていく方向、そしてもう一つは、生活保護受給者を抑制する方向あるいは生活保護に至ることを予防する方向です。

そして、特別部会の第一回の議事録では、この審議会で議論するのはあくまでも支援のあり方だけ、と言っていたはずでした。支援のあり方だけでも大きな論点がいくつもあり、「対象を選別しない社会福祉の実現」を目指して議論が進んでいました。

ところが、お笑い芸人の母親が生活保護受給していた件を発端に、政治家などの追及もあり、生活支援のあり方だけで独立に議論することが難しくなってしまいました。生活保護制度の見直しや生活保護制度の内容までひろがって話がなされ、議論が拡散してしまった印象を持っています。生活支援案の前半部分である生活支援のあり方に関しては、審議会での議論が反映されていたと思いますが、後半部分の生活保護制度の見直しに関するものは議論が成熟しませんでした。

生活保護で稼働年齢層を納税者に変えていける

稼働年齢層の方たちは、早めに生活保護制度に入ってもらって、早めに支援したほうが自立支援は有効に機能します。生活保護受給者を排除するよりも、丁寧で重厚な支援を導入した方が、生活保護からの脱却にも有効です。これまではそういった納税者に転換するべき人たちが、機会を与えてもらえなかったといえます。

生活保護はある種、自立支援を受ける機会を提供する場でもあります。そのため、これまで述べてきたように、あくまでも丁寧に支援していただきたいと思います。それは、ずっと生活保護受給を続ければよいというのではなく、ましてや貧困状態を放置することではなく、稼働年齢層であっても生活保護制度を早めに利用できることが大事です。

片山さつき議員らは、民主党政権に移行した時期に、生活保護受給者が急増し、甘えや不必要な生活保護受給者が増えていると主張されています。しかし、早めに生活保護を利用した自立支援は有効に機能し、保護からの脱却事例も続いています。十分な就労支援はまだ試行錯誤の最中ですが、稼働年齢層を生活保護制度から遠ざけて、自立を妨げていた時期よりも前進していると思います。

生活保護受給者は高齢社会のさらなる進行、雇用が不安定であれば、さらに増加するでしょう。これは決して生活保護受給者や貧困状態に至った当事者の問題ではありません。社会構造上、すなわち政治の失敗であり、急増することを止める方法も政治が貧困撲滅に真剣に取り組まない限り、やってこないと断言できます。今後の自民党政権が生活保護制度をどう扱い、貧困対策にどのような政治的役割を果たすのか、楽しみに見ていきたいと思っています。

そして、生活保護制度への誘導や生活保護受給者への自立支援は、力を入れていただきたい

さいたま市長に、ホームレス支援の要望書を提出している様子。

事柄です。これまでにも見てきているように、日本における生活保護制度のGDP比は極めて低いばかりか、貧困層が生活保護制度を利用している捕捉率もきわめて低く、多く見積もっても二〇%といわれています。特に年越し派遣村が批判されて、「年越し派遣村以降、生活保護が受けやすくなり、怠けている人も生活保護を受けているんじゃないか」という批判も受けます。それはまったくの間違いで、本来生活保護が必要な人に支援がなされてこなかったという表れです。

稼働年齢層でも生活保護は受けられるし、誰でも生活困窮状態であれば生活保護が受けられます。生活保護が提供されて、支援される土壌ができてきたことは、ようやく社会が一歩進んだ表れだと思っています。また後退させてはならないし、そうならないようにしていかなくてはなりません。

生活保護バッシングも同様で、生活保護を受けている稼働年齢層の人は怠けているとか、楽をしたいために生活保護を受けているなどのイメージは、実態が見えていません。宮本太郎・北海道大学教授（社会保障審議会特別部会　部会長）も繰り返し強調していたことは、「生活保護の正しい情報や実態を国民に知らせる必要がある」ということです。わたしが今回の執筆に至った理由も同じです。正しいデータや現場の話をもとに、生活保護に対する偏見・差別を軽減し、一人でも多くの方に正しい情報をもとにした議論が広まってくれたらありがたいと思う一心で取り組んでいます。

中間的就労と求職者支援で注目すべきこと

稼働年齢層への支援に関連して、就労支援をめぐる制度についても触れておきたいと思います。具体的には、「第二のセーフティネット」「中間就労」です。

就労支援については、2章や4章で、主に就労阻害要因の削除や改善をすることが前提であり、丁寧な支援が必要だと述べていますので、繰り返しになりますが、政策への問題提起というかたちで改めて述べたいと思います。

第二のセーフティネットは、雇用保険が受けられない人や生活保護の一歩手前のセーフティネットとして、雇用保険と生活保護のあいだにつくられるものです。すでに、二〇〇八年の派遣切り、派遣村の直後、麻生政権の末期の二〇〇九年七月から緊急人材育成支援事業として実施され、民主党政権下の二〇一一年一〇月に法律として施行された求職者支援法による求職者支援制度があります。職業訓練を受けることを条件に、個人で月一〇万円の手当を受給することができます。

この実績についてはいろいろと報道がされています（注2）。しかし、「入口」の厳格な条件に加えて、わたしが問題にしたいのは「出口」の問題です。二〇一二年三月末までにこの職業訓練を修了した人の就職率は、約七割です。数字だけを見れば、決して少ないわけではないと思います。

そのうえで、注目しなければならないのは、雇用の「質」です。生活保護を抜けて就労したといっても、アルバイトやパート、派遣、契約社員など、どんな雇用形態であるかは、あまり注目されていません。短期間で雇い止めをされてしまうような仕事では、せっかく本人のかかえるさまざまな障害をとりのぞいても、離職せざるをえなくなってしまいます。

そして、正社員であれば大丈夫であるとも言い切れません。「ブラック企業」の特徴としてあげられる、長時間労働だったり、パワハラを繰り返されるような職場であっては、やはり働き続けることはできません。正社員として雇用しておきながら、最初から過酷な労働で使い捨てるつもりの企業もあります。

もちろん、失業している状態から、労働条件がよい企業に就職することは簡単ではありません。しかし、「ブラック企業」であってはいけません。自立支援、就労支援にかかわる支援者こそ、「ブラック企業」や、雇用の「質」にこだわらなくてはいけないとわたしは思います。

これまで自立を支援してきた生活困窮者支援の運動は、ともすれば、働かせることとさえできれば、あとはそれで終わりであると、満足してきたところがあるのではないかと考えています。これまで働けていなかったのだから、職場については目をつむりましょうと。そこでわたしが懸念している制度のひとつが、支援者のなかでも賛否が分かれている「中間就労」です。

これは、生活保護の受給をしているような困窮者が、いきなり一般社会での雇用に就職するのは難しいだろうということで、行政やＮＰＯが連携して、困窮者に配慮して公的に雇用を創出し、そこで経験を積んでもらうというものです。貧困運動からも一定の要望があり、それが反映されています。

しかし、「中間就労」というかたちで生活保護受給者や失業者のための公的な雇用創出をするにあたって、労働基準法の適用除外となって最低賃金以下の労働が合法になったり、社会保険に加入義務がなくなるのではないかという懸念もされています。もしそうなってしまったら、維新の会の公約や、西成特区構想で提唱されたものとほとんど同じです。それを、貧困問題に取り組む団体が率先してつくるということになる可能性もあります。

まともな企業への就労が難しく、まずは経験を積ませるためだからと、安易にそのような雇用をつくってしまえば、一般的な雇用全体における労働条件の引き下げにもつながりかねません。また、低い労働条件で雇用させることができるというところに目をつけて、貧困ビジネスが新規参入してくることも考えられます。

ひとりひとりの当事者に対するソーシャルワーカーの就労支援と同時に、政策的にも就労先の最低限の労働条件を保障するような仕組みが必要であると思います。

貧困ビジネスを淘汰する方法

2章でも触れたように、現在、生活困窮者を対象とした貧困ビジネスが蔓延しており、行政は必ずしもそれらに対して否定的ではありません。

本来は、こうした貧困ビジネスを困窮者から遠ざけていかなくてはなりません。入所施設の面積は何平方メートルで、防火設備がどうなっているか、といった施設のハード面に対する規制はあります。しかし、欠けているのはソフト面でのさらなる規制や整備です。たとえば、専門的な資格をもっている人を施設に何人配置するかについては、基準は十分ではありません。こうした規制を強化することで、支援の専門家のいない貧困ビジネスの排除につながると思います。

また、社会福祉の苦情対応の窓口が弱いという問題があります。貧困ビジネスや制度に対する被害に対して、第三者が救済するシステムが機能していません。具体的には、福祉オンブズマン制度の拡大が必要となると思います。

また、各都道府県社会福祉協議会には、福祉サービスへの苦情を解決するための運営適正化委員会という機関が設けられています。しかし、ほとんど利用されていないのが実態です。こうした機能を強化・回復していくだけでも、貧困ビジネスなどを規制するために役立つのではないかと思います。

ほかにも、都道府県弁護士会に人権救済の申し立てを行うことだってできます。権利救済のための手段は構築されています。消費生活支援センターなどもそうです。新しい制度をつくってもよいのですが、既存の機関すら周知して実践的に使うことができていないのであれば、意味がないのではないでしょうか。まずはこれらを積極的に活用し、本来機能を取り戻していってもらうことだと思います。

そして、貧困ビジネス拡大の要因は、行政の怠慢だけでなく、社会福祉法人の怠慢にもあります。生活保護法に位置づけられた第一種社会福祉事業である救護施設や宿所提供施設など、本来施設整備に奔走しなければならない事業者が、手をこまねいています。将来的には、無料低額宿泊所に福祉機能を委ねるのではなく、社会福祉法人や行政が施設整備を積極的に行い、生活保護受給者等の権利擁護を担っていってほしいと思います。救護施設や宿所提供施設が役割や機能を取り戻して、無料低額宿泊所に引導を渡していただきたいですし、新しい福祉実践である支援付き住宅の取り組みが広がることに期待しています。

ソーシャルアクションなき支援はいらない

今回の生活支援の議論でも、社会的企業について言及されており、その役割が織り込まれています。理論的な根拠にもとづきながら、目の前の人たちを支援することをミクロのソーシャルワークといいますが、社会的企業であっても、単に現場の支援だけにとどまるのであれば、単なる対症療法でしかありません。転んで擦り傷と骨折をしてしまった人がいるとします。擦り傷には、絆創膏を貼るでしょう。しかし中には骨折をしている人もいます。その場合に絆創膏は、痛みを無くすことに無力です。この社会問題の根幹や原因へのインターベンション（介入）ができず、ほとんど多くの支援団体が目の前の対処療法にとどまっています。

そこに足りないのは、ソーシャルアクションです。ソーシャルアクションとは、現場の支援だけでなく、社会に対する社会変革を連動させて、一緒にやっていくことです。現在の制度を着実に利用しながら困窮者の支援をしつつ、彼らのニーズに照らして、現在の制度では何が足りないかを検討し、行政や政治システム、あるいは地域に対して、主体的・自律的に訴えていくこと。それがなくては、行政システムを補完する単なる下請けとして、うまく利用されるだけにとどまってしまいます。社会的企業に限りませんが、ソーシャルアクションの視点がない、中途半端な状態で存在する支援団体であれば、行政システムの遂行に寄与したとしても、社会システムの発展には寄与しないと思っています。

今もこの問題を象徴しているのは、社会福祉士です。社会福祉士は、現場の支援に終始することが多く、こうしたソーシャルアクションから距離をとっています。制度が不足している現状を維持するような役割すら果たしていたと言えるかもしれません。

ところが、二〇一二年の一一月に日本社会福祉士会などが福祉・介護に関連する専門職団体、養成教育団体、学会一一団体がソーシャルワーカーに対する制度的な位置づけ・支援を求める、共同声明を発表しました。正直、遅すぎると思いますが、重要な一歩だと考えています。今後も社会福祉士など専門職能団体は、ソーシャルアクションに関与し続けなければいけません。

そうしなければ、当事者と向き合う資格はないとも思っています。

生活困窮者や当事者の苦しい現状を聞いておきながら、「今の制度ではこれが限界でどうすることもできない」と説明しているだけでは、その人のつらさや生きづらさは永遠に変わりません。今の制度でできることには限界があります。だからこそソーシャルアクションという手法で、変革を促していく役割が求められています。一緒に社会変革を促していく専門職でなければソーシャルワーカーの必要性も当事者に伝わりませんし、そのような専門職であれば、逆に社会変革のお荷物になってしまいます。

社会的企業についても同じです。「ソーシャルアクションなき社会的企業は悪だ」と言い切っていいと思います。社会的企業もいまの社会を良くすることが役割だとすれば、ソーシャルワークの視点は不可欠です。社会的企業は、組織の維持を目的としてはいけないと思っています。本来、こうした社会的企業はないほうがいいという認識から始まらなくてはいけない。将来的には貧困問題や社会問題が解決され、社会的企業が必要なくなることを目指し、儲けを追求していつまでも運営し続けるようではいけないという認識が必要だと考えます。

しかし近年、利益中心の社会的企業がいくつか出てきています。一体それでは普通の民間企業と何が違うのでしょうか。その違いを決定づける活動こそが、ソーシャルアクションです。

ベーシックインカムは生活困窮者の助けになるのか

貧困運動のなかでも最近耳にするようになった政策に、ベーシックインカム（ＢＩ）があります。これは、生活保護制度じたいに限界があるとして、すべての市民にたいして、審査なしに無条件で、生活に最低限必要なお金を、一律で支給するという最低所得保障制度のことです。維新の会の綱領である「維新八策」の生活保護改革案にも、「ベーシックインカム的な考え方」として掲げられていたように、この政策は、社会保障を削減しようというスタンスの人から、貧困問題の専門家まで、幅広い人たちが論じています。しかし、主張している人ごとに、この制度に対して、まったく異なるイメージを抱いていることが少なくありません。ある人は、ＢＩは生活保護を全廃して、社会保障を民間企業に委託し、社会保障のコストカットにつながるものとして評価します。またある人は、ＢＩはいまの社会保障の現金給付部分だけを置き換えて、社会保障費の削減には手をつけないと主張します。

たしかに、生活困窮者の支援などに携わった経験から、善意でＢＩを主張されている方もいます。無条件でお金を渡すということで、ケースワーカーによる水際作戦のように、恣意的な行政の運用によって支給が制限されることを防ぐことができる、あるいは、申請しなくても現金が配られるので、生活保護に対する抵抗感を乗り越えられる……そんなことがメリットとして受け入れられているようです。

この主張をされる方たちの善意は尊重しますが、わたしは生活困窮者を支援する立場から、いまの日本におけるＢＩ導入の主張には大きな懸念があります。

そこに共通しているのは、生活保護の問題にもつながりますが、お金さえ渡してしまえば、あとはその人がなんとかするだろう。なんとかするべきだ、という考え方です。

その最たる意見は、日本維新の会の橋下徹氏です。彼は競争をするための最低限のセーフティネットとしてＢＩが必要だとします。そのうえで、これまではセーフティネットがあくまでも行政の論理でしか供給されてこず、むだなお金を使ってきたとして、これからは「ユーザーの論理」で提供されるべきとします。

「行政組織の代わりをＮＰＯなどの団体が務めるようになるかもしれない。行政が税金を集めて使うのではなく、国民がお金を使う。公の仕事をやる組織も公務員組織の専売特許にはならない。国民が公務員を選ぶのか、ＮＰＯなどを選ぶのか選択するのである。そのために一定の額だけ国民全体に配る。」（橋下徹氏の二〇一二年二月一五日のツイッターより）

じつは、このような意見は、貧困問題に共感を寄せるような人にも見られます。国家に頼らなくても、お金さえもらえれば、人はあとは自由にうまくやって生きていけるのだ、と。しかし、「最低限のお金を渡したから、あとは何もしない、自分で選びなさい」という、国の立場にたった意見と、「国に介入され、文句を言われる筋合いはない、自分で選べる」という、お金をもらう側にたった意見は、わたしにいわせれば、どちらも貧困の現実を直視できていないものです。

お金さえあれば、あとは人間は理性的に、合理的に思考し、判断し、行動できるはずだという思い込みは、社会保障を削減したい政治家でなくても、貧困問題に同情的な大学の先生にもありがちです。でも、それは自分の期待する生活困窮者像を投影してしまっているのではないでしょうか。

わたしがそこで思い浮かべるのは、やはり生活保護を受けながら孤独死した人たちです。最低限のお金が支給されても、孤独死する人たちはあとを絶ちません。生活保護受給者の自殺率は二倍であることは、すでに述べたとおりです。

4章の繰り返しになりますが、これは「財をサービスに転嫁できない」状態です。明日の食事もわからない貧困や、信じられる人のいない孤独のなかで長い年月を過ごし、なんとかその日その日を生きてきた人であれば、自分の人生設計どころか、数日後のスケジュールを考えることすら、決して簡単なことではありません。それはその人の強い習慣となり、考え方や行動、生きかたを束縛します。貧困はその人の合理的な思考を妨害し、将来を夢見ることを奪い、人間を丸ごとつくりかえてしまうんです。

では、生活困窮者の自立には何が必要なのか。何度でも繰り返しますが、お金だけでは不十分です。もちろん、スムーズに自立ができるためには、まずはそれなりのお金が必要ですし、さらに生活保護から自立して生きるためには、住まいや、医療、教育の社会保障も重要です。しかし、お金やモノの保障だけででも、自立できるわけではありません。そこで必要なのは、人です。人といっても、家族や親族がその支援を専門的にできるわけではありません。やはり、ソーシャルワーカーです。ＢＩのまえに、ベーシックな社会保障と、きちんとしたソーシャルワーカーが必要なのです。

ソーシャルワーカーの必要性を知りながら、ベーシックインカムも主張するというかたもいます。しかし、ソーシャルワーカーの意義が十分に理解されていないままでは、支援者を軽視するＢＩ論に飲み込まれてしまいます。それなら、むしろソーシャルワーカーの質的・量的な充実をさきに主張し、実現することのほうが現実的ではないでしょうか。

そのソーシャルワーカーをBIで直接雇えばよい、そんな意見の方もいるかもしれません。でも、どの人がいいか、選ぶことじたいが難しい。高いお金で雇えるソーシャルワーカーは優秀だけど、低額のソーシャルワーカーはあまり支援がうまくなかったり、さらにいえば、貧困ビジネスの新しい市場にすらなってしまいかねません。あくまでも、ユーザーのお金によって選ぶのではなく、行政によって専門性や支援の質、活動資金が保障されたソーシャルワーカーが必要であると思います。

反貧困運動を乗り越えなくてはいけない

審議会の参加のように政権にかかわり、現場の声を反映させることは非常に重要であると改めて確信しました。それを超えた政治的な力関係に対しては、政権の外側からの社会運動の役割も重要であると思います。そして生活支援に関する財源を確保するためには、税制の議論、他の制度と合わせて議論しなくてはいけません。そのためには、生活保護の制度だけを議論していても限界があります。そのようななかで、マスコミも、生活保護バッシングをきっかけに、生活保護について全く知識がないまま感情論で批判がなされていき、客観的な根拠に基づいた検証がなされませんでした。

なぜこのような生活保護バッシングが蔓延したのでしょうか。バッシング側の攻め方は、言ってみれば感情論で、価値観に揺さぶりをかけられるという方法だったと思います。それに対して、支援団体の側が負けてしまっていたとは言えないでしょうか。これまでの社会運動じたいが、単に生活困窮者が「かわいそう」だという価値観を打ち出すことを中心に、反貧困運動などの社会運動を展開してきており、困窮者たちが増えていく社会構造に対する働きかけが、まだまだ足りていなかったからだと思っています。

確かに、二〇〇八〜〇九年の年越し派遣村は、ホームレス状態にあった約五〇〇〇人を支援し、世論を動かすことに成功しました。しかし、もはやそうした路上生活者が生まれてくる実態を知らせるだけでなく、社会構造を変えることが求められています。社会運動を具体的な法律に位置づけるための社会戦略をしていかなくてはなりません。

そのなかで、貧困に至っている人たちの声を社会に伝えるための努力が足りないと考えています。特に貧困問題を知らない人たち、生活保護制度について考えたこともないという人たちに届ける言葉や言語を創り出し、その言葉への対処を制度化していくことが重要です。

「ホームレス」、「ネットカフェ難民」、「貧困ビジネス」、「非正規雇用」、「ブラック企業」など、その問題を顕在化する言葉・言語はいくつも発明されています。しかしながら、その言葉が示す社会問題の解消に向けた制度を整えていくまでには至っていません。社会福祉事業を振り返れば、「障害者」、「孤児」、「母子」、「寡婦」など、支援対象として当事者を言語化し、制度整備を繰り返し行ってきています。今後の社会運動は、問題を言語化し、その言語を武器に言語化された当事者を救済する法や制度を具体的に作っていくところまで、見据えたものにしなければいけません。中途半端であったり、道半ばになっている社会運動が多いということです。

そして、反貧困運動などが単発のイベント型になってしまっているという問題もあります。いわば、運動がお祭りのようになってしまっています。「反貧困」という言語を作り、派遣労働や貧困問題を社会的に知らしめる意味がありましたが、それだけでは生活保護バッシングに立ち向かうことはできません。社会的包摂（注3）を法律や制度化していくことまで行わなければ、これもまた中途半端になってしまいます。

反貧困運動は、イベント型ではなく、地道に当事者の支援にたずさわっていく、地に足をつけた運動が必要です。自分たちが地に足をつけた活動をしていなければ、運動は説得力がありません。生活保護申請に同行すること、貧困状態にある方から相談を日常的に受けること。そして単に現場の支援のみに閉塞するのではなく、その中から共通する課題を見出し、言語化してソーシャルアクションにつなげていくことが求められています。

ホームレスを対象としてこなかった社会福祉

また、社会福祉の研究の立場からも反省しなくてはいけないことがあります。働ける世代の人々やホームレスの人たちは、これまで社会福祉の主要な対象ではありませんでした。ホームレスは社会福祉の対象なのか、という議論を大学の権威ある先生も数年前までしていました。雇用の問題ではないか、社会福祉ができることはないのではないかとされていたのです。

刑務所の出所者についても同じです。刑務所からでてきてホームレスになる人たちは多くいますが、社会福祉士を養成する過程のなかで、ようやく最近、彼らを対象とした更生保護という分野が教育内容につくられました。

これは、わたしたちや関係者が以前から関わってきて、少しずつ実践現場で明らかにしてきたことだと思います。そこにようやく研究が追い付いてきているという状況です。今は後付けで、現場で起きたことからその研究が必要だ、そういった領域の学習が必要だから養成課程にとりいれようと、改善をしています。また、いま現場でおこなわれていることは、まだ誤りも多いです。わたしが活動している内容にも、まだ改善の余地がたくさんあると思っています。

社会保障はみんなのためのもの

生活保護以外にも、社会保障改革が進められています。社会保障改革全体のなかでは、生活保護改革は、社会保障費の削減の象徴的な存在として位置づけられているように思えます。わたしが参加した「生活困窮者の生活支援の在り方に関する特別部会」の方向性のひとつも、そうでした。

しかしわたしは、生活保護改革のためにも、社会保障改革が必要であると思います。

日本の生活保護給付総額のうち、日常生活費にあたる生活扶助は三三・八％です。医療扶助が四八・三％で生活扶助より多く、住宅扶助が一四・七％ですが、これも少なくありません。さらに、介護扶助が二・〇％、教育扶助・生業扶助・葬祭扶助等の合計が一・二％（二〇〇九年度）と続きます。

生活扶助部分だけでなく、医療扶助や住宅扶助、介護扶助などの扶助部分が少なくありません。ここに恣意的に着目して、医療扶助こそが問題だ、「不正受給」だ、と批判がされており、その対策については2章で述べた通りです。

しかし、根本的には、生活扶助以外の扶助部分が、他の社会保障の矛盾を一手に引き受けているという問題があると思います。いま、生活保護を受けずに働いている人たちにとって、医療や住宅、教育などの公的支援は薄く、生活保護受給者になることによってはじめて保障を受けることができるものになってしまっています。

逆に、生活保護受給者にとっても、保護から抜け出したとたんに、これらの負担が覆いかぶさってくることになります。これは、日本の社会保障が、「かわいそうな人」のためのものとしてつくられ、医療、住宅、介護、教育をはじめとして、誰でも必要とするような社会保障が不十分だったということがあると思います。

かわいそうな人のために社会保障があり、そのなかの一つとして生活保護などの貧困政策があるのではなく、普遍的に誰でも受けることのできる社会保障のなかに、生活保護制度を位置づける、そんな仕組みに移していくことが必要だと思います。

派遣村にかぎらず、日本の貧困政策は、これまで、かわいそうな人たちのためにほどこしてあげるものだと思われてきました。だから例外的な存在であり、かわいそうな彼らには、お金をめぐんであげてもかまわない、そんなふうに考えられてきたのではないでしょうか。

　貧しければ、どんな人にだって、生活保護を受ける権利はあります。生活保護を受けるような貧困には、いつかわたしたちも陥るかもしれない、彼らが自分たちでもあったかもしれない、という想像力です。じっさいに、わたしたちのＮＰＯに不満をぶつける人たちもいますが、その人たちこそ生活保護を受給したり、支援を受けることが必要な人だったりします。そういう人たちを支援することで、社会に参加できるようにすること。

　このように、少しでも自分たちの気に食わない、かわいそうで従順でない「不正受給」者たちが報道されると、貧困問題への共感が、容易にバッシングにひっくり返ってしまうという弱点があったと言えると思います。生活保護受給者は、かわいそうで潔癖な「誰か」ではない。その視点から、貧困になったら自分でも、誰にでも、生活保護が与えられるべきだと、貧困政策を常識にしていきたいと考えています。

拝啓　片山さつき議員

この章の最後に、片山さつき議員に対するわたしへの批判に対して、お答えしたいと思います。

片山さんは参議院総務委員会において、わたしが委員であることが不適格でないかという趣旨の質問を繰り返しなされています。批判の内容としては、わたしが以前に関わっていたNPO法人の運営内容が弁護士法に違反する恐れがあり、さらにはわたしたちが試行錯誤しながら実践してきた生活困窮者を対象とした生活支援付き住宅の提供事業も貧困ビジネスにあたるのではないかということでした。二〇一二年末に出版されたご著書（片山さつき『正直者にやる気をなくさせる!?　福祉依存のインモラル』）でも、同様の批判をされています。

まず、弁護士法違反という批判は、事実無根です。それは参議院総務委員会で、厚労省から説明がなされています。これらの批判は、国会議員の権力を用いて、違法性がないものを違法であるかのように問題にしてきた、お笑い芸人批判の手法と同じ構図です。お笑い芸人の母親に対する生活保護支給も生活保護法上は違法性がなく、親族が扶養できるのであれば援助をお願いすることで決着がついています。同様に、わたしに対する批判も法的な根拠が示されないものでした。

そもそも、一度もわたしと話すことなく、活動の中身を具体的に見ずに、一方的に批判を展開しています。現場に一度は足を運んでいただき、実態を見ていただくことが必要ではないでしょうか。

また、支援運動の先人たちは、政治の無策から新しい社会福祉事業を創り出し、それが法的に整備されるかたちで、様々な社会保障・社会福祉制度が成立して、現在に至っています。新しいＮＰＯ活動は、新しい社会福祉事業を創出する、いわば「種」です。その種をつぶしてしまえば、現在の新しい生活困窮者支援や社会資源の不足や機能不全は、そのままになり、より貧困や格差社会は放置されることでしょう。

このようなかたちで、支援団体ですらも生活保護受給バッシングの対象になっているならば、さらにこれから支援活動を希望している人たちを、躊躇させる要因になってしまうのではないかと思います。そのために、新しいＮＰＯ活動が生まれなくなることを危惧しています。片山さんがされていることは、新しい市民活動やＮＰＯ、新しい社会福祉事業を創造する活動への妨害と挑戦であると思います。これに対しては、ＮＰＯや社会福祉業界が一丸となって対抗しなければいけない事象だと思っています。

さらに、ＮＰＯに対する批判が起きたこと自体、まったく生活保護受給者などの生活支援への認識が不足していると思いました。現場の経験がないなかで語られる言葉で、なぜＮＰＯがそういった人たちを支援しなければならないのかということにあまりに配慮がなさすぎです。ＮＰＯ法人に多くの生活困窮者が相談に来られているのは、政治が生活困窮者支援に対して、その役割を果たしてこなかったからではないでしょうか。無策の状況であるからこそ、社会保障制度が機能せず、ＮＰＯや市民活動が補足する形でボランティアの力も動員しながら、試行錯誤をしているのです。わたしは一貫して、政治や行政が役割を果たせるのなら、こうした支援活動は不要であると思っています。生活困窮者をなくすこと、貧困をなくすこと、自立を支えること、これらの法整備を行う政治的責任は、政治家にあります。そのための知識や現場経験に不足があるなら、協力も惜しまないつもりです。

しかし今回片山さんがされた行動は、国会議員の権力を振りかざし、一方的な思い込みを根拠に、生活困窮者に支持されている、新しい生活支援の取り組みを行うＮＰＯ活動や個人を批判するというものでした。乱暴なやり方であり、とても看過できるものではありません。

福祉事務所のケースワーカーだけでは支援が立ち行かないということは、誰の目にも明らかな状況です。それは片山さん本人も認めているところであり、ＮＰＯや外部の団体が補佐をしたり、第三者的に支援をしていくことに、新しい生活保護の支援の方向性があると思います。

もし本当にこの問題に関心がおありなのであれば、まずは実態をしっかり見てほしいということにつきます。そうであれば、また違ったご意見がいただけるのではないでしょうか。まずは実態を見て、勉強してもらえればと思います。

［注1］　二〇一三年一月一六日に開催された厚生労働省社会保障審議会の生活保護基準部会にて、切り下げの方針が決定した。同部会では現行の生活扶助基準額を比較する対象として、全世帯を所得の順に並べた場合の下位一〇％の階層の消費水準を挙げた。「中間まとめ」にも「一般低所得世帯の消費実態」と比較検証して見直すことが挙げられており、財務省主計局にいたっては同年一〇月二二日、財政制度等審議会財政制度分科会「財政について聴く会」において、現行の生活扶助基準額との比較対象を下位二％の所得階層の消費水準とすることを提案、さらに自民党は同年の衆議院選挙で、水準の一〇％引き下げを主張していた。こうした生活保護基準の引き下げは、その受給金額の問題にとどまらないことが懸念されている。生活保護は生活保護法で健康で文化的な生活水準を満たすものとされており、最低生活費はさまざまな制度の基準になっており、引き下げがそれらの制度と連動することが考えられる。

まずは最低賃金がある。生活保護水準と最低賃金が逆転している現象にたいして、二〇〇八年の改正最低賃金法により、「生活保護に係る施策との整合性に配慮する」とされていた。しかし、引き下げによって最低賃金が上がらなくなるばかりか、下がる可能性も想定される。

また、生活保護基準を目安に減免制度が設定されている教育・福祉・介護政策にも影響を与えることが懸念されている。全国的には就学援助がある。就学援助は生活保護基準額の一・〇～一・三倍以下とされており、一五七万人の児童が利用している。生活福祉資金については、生活保護基準額の一・八倍以下とされ、三万一〇〇〇世帯が利用している。介護保険利用料、保険料の減額、障害者自立支援利用料の減額なども影響が予想される。

一部自治体では生活保護水準は、地方税の減免、地方税滞納処分の禁止、公営住宅家賃減免、国民健康保険料・一部負担金の減免、自治体の公的貸付などの目安とされており、こちらにも影響が考えられる。

さらに、住民税の非課税基準も生活保護基準と連動しており、課税対象になる低所得者の増加、そこから住民税非課税者を対象とする高額療養費自己負担限度額や保育料、介護保険自己負担限度額、障害者・障害児のサービス、難病患者の医療費などにも影響が予想され、負担が増加すると考えられる。

［注2］求職者支援法の給付金の支給要件は本人の収入が月額八万円以下、世帯全体の金融資産が三〇〇万円以下という条件であり、生活保護水準よりも低くなることもありえる。また条件も厳しく、訓練を一度でも欠席すると不支給とされる。厚労省の発表によると、二〇一三年三月末までの利用者数は三九万人の予定が、二〇一一年一〇月から二〇一二年八月までの一一ヶ月間で、利用者はわずか九万四四九六人であり、同じく就職率については、基本的な仕事を学ぶ「基礎コース」で七一・七%、介護や医療事務など専門技術を学ぶ「実践コース」で七三・〇%。

［注3］貧困によって生じる困難を経済的な問題だけに限定せず、人間関係や地域、雇用などからの孤立や生きづらさを抱えている状態（社会的排除）に注目し、支援することを意味する概念。このための制度的な対応としては、所得保障だけでなくコミュニティでの活動や自立支援・就労支援による社会参加が主にあげられ、ソーシャルワーカーの活動も期待されている。一方で、経済的な困難を軽視し、所得保障などの社会保障を削減するための文脈で使われることもある。

6

新時代の社会福祉をつくろう

わたしも不安な若者のひとり

この本の終わりに、少し個人的な話をさせてもらおうと思います。

わたしは一九八二年生まれで、「失われた二〇年」といわれる経済低迷期のなかを、ずっと生きてきました。バブル経済を経験したこともありません。物心ついたときから、自分の生活や将来に対して不安を感じていました。

友人や同期の仲間たちと共に就職難を迎え、わたしはＮＰＯの道を選びましたが、彼らの何人かは頑張って就職活動をしても、希望していた就職先どころか、正社員としての就職もできませんでした。非正規雇用で就職し、低賃金で過酷な労働をさせられていたり、正社員として働いて休みも十分ないまま、過労死寸前まで働いています。

みんな努力をしています。それでも苦しい生活状況が続いています。結婚や子育てについても悩んでいる世代です。上の世代の方たちが普通に行ってきた、家庭をつくり生活を再生産していくことに躊躇する若者たちが大勢います。ふつうに暮らしていくことが難しい世代です。

わたしはそのなかの一人であり、これからの生活はどうなってしまうのか、いまでも不安でたりません。

二〇一二年の夏ごろに、わたしは潰瘍《かいよう》性大腸炎という、難病に指定されている病気にかかりました。突然の腹痛に見舞われ、回復する時期もありますが、継続的に痛みが続くという病気です。現在は、服薬治療を続けており、寛解（痛みがない期間）が継続しています。また腹痛が起こったらどうしようかという不安も常にあります。もしかしたら、働けない状況に追いやられる日が来るかもしれません。働けたとしても、短時間労働であれば、収入も安定しないかも知れません。その際に妻や両親、兄弟がいたら助けを求めるかもしれませんが、死別や離別などで、いつまでもいてくれるとは限りません。

わたしたちのところに相談に来られる方は、様々な理由で生活がどうにも成り立たなくなって、相談に来られる方たちです。自分自身とそうした相談に来られる方は、常に隣り合わせであると思っています。

そのような生活に困窮された方に対する社会福祉が、脆弱であることはこれまで見てきたところです。不安で仕方がない人がたくさんいるのに、そして生活困窮状態に置かれている人が大勢いるのに、社会福祉は充実しません。むしろ、さらに削減する方向に向かっています。わたしたちのもとに来られる相談者のほとんどが、「自分が生活保護を受けることになるとは思わなかった」と言います。元気で働けるうちは、社会福祉や社会保障など意識しないし、必要性も感じないかもしれません。

「バリアフリー」としての生活保護

二〇一二年に入って強まった生活保護バッシングで、人がなぜ生活に困り、生活保護を頼らなければならなくなるのか、あまりに知られていないことにわたしは驚きました。わたしたちは一人一人、生まれたところも育ってきた環境も違います。だからこそ、努力をしようと思ってもできない環境や要因があります。頑張って働こうと思っても頑張れない要因や病気、働く場がないこともあります。「二〇代なら健康に働けて当たり前」、「女性なら料理ができて当たり前」、「親なら自分たちだけで子どもを育てて当たり前」など様々な常識や一般論のなかで私たちは暮らしています。

では、当たり前でない環境で生きてきた人はどうなるのか、常識が身についていない人はどうなるのか、一般的ではない人はどうするのか。社会に対して、疎外感をもつだろうし、本人の責任ということで排除されてしまえば、どうしたらいいかわからなくなると思います。

生活保護制度は、そのような様々な環境で苦しんできた人を経済的にも社会的にも支援していくものです。生活保護制度を利用した多くの方が、「生活保護があって助かった」と感想を述べられています。一方で、生活保護受給者に対する差別意識は根強いものがあります。貧困に至る方は、どの社会でも必ず存在します。しかし「貧困に至ってはいけない」という意識があるのだと思います。貧困に至った者は自己責任で、救済する必要がないとすら言われることもあります。生活保護法の理念は、どのような状態の人も排除しないで支援していくという社会的包摂の考え方をもっています。

わたしが生活保護にこだわって、充実を求めるのは、最終的には誰も排除しない制度だからです。それを理念どおりに遂行するのか、骨抜きにするのか、これは国民の意思次第といえます。当然ですが、どのような環境で生きていても貧困に至ったら、救済が丁寧になされる社会のほうが誰にとっても生きやすいと思います。そして、生活保護だけでなく、難病に苦しむ方、障害のある方など様々な人々が普通に安心して暮らすことができる社会を望んでいます。

わたしは、この原稿を書いている最中にも腰痛に襲われて、歩くことが困難な時期がありました。その際に、駅や公共施設のバリアフリー設備に大変お世話になり、高齢者や障害者の方に感謝したことを覚えています。バリアフリー設備は、その対象者がいなければ整備されないものです。そして、対象外の方にとって、普段はその存在にすら気づかないかもしれません。救貧制度としての生活保護も同じだと思います。いざ必要になったときに、初めてありがたさや重要性に気づきます。普段から貧困問題に対しても「バリアフリー」設備を整えていく社会にするのか、そんなものは邪魔だから必要ないと削減していくのか、皆さんの選択が大事になっています。生きづらさを感じている人は、社会を住みやすくしていくためのメッセージを持っています。そのような声を聞くのか、無視していくのか、岐路に立たされていると思います。

これからの社会を支えていくみなさんへ

最後に、わたしと同世代、あるいはもっと下の世代の若い方たち、これからの社会を支えていくことになる人たちに向けて伝えたいことがあります。

ひょっとしたら皆さんのなかにも、生活保護についての報道を受けて、受給者たちに不満をもち、保護の削減を願っている方がいるかもしれません。生活保護など簡単に受けるべきではない、どれだけ厳しくても、努力して働いて生活しなくてはいけない、と。

しかし、これからは、もう上の世代の方が経験してきた「当たり前」の暮らしや生活を送れる人は少なくなっていくと思います。いま、多くの人が貧困と隣り合わせです。まだ平気、と思っている人も病気になったら。親の支援が受けられなくなったら……。少しの「もし」を自分の家庭の話で考えてみていただけたらと思います。

学生さんは多くの人たちが苦学生です。仕送りも少なくなり、遊ぶ金どころか、アルバイトをしないと勉強することができなかったり、奨学金を利用している人も多いです。奨学金についても、「もらえる」お金（給付型奨学金と呼ばれ、海外では奨学金と言えばこちらをさします）はほとんどなく、大抵は未来の借金となります。利子も低いものではありません。教育を受けるのは権利であるはずなのに、なぜ働かなくてはいけなかったり、債務を抱えなければいけないのでしょうか。そもそも、学費は高すぎるのではないでしょうか。こうした矛盾を身近なところで感じられるはずです。

まずは、自分が貧困であることに気づくこと、生活困窮に接していると気づくことです。つらいことを、つらいと認めることです。それは、非常に苦しいことかもしれません。

わたし自身も、こうした貧困と接点がある、ということを認めるときの葛藤や、苦しさはあったし、いまもあります。わたしはいまでも奨学金を返済しています。給料も安定しているわけではなく、健康保険料は高いです。また新しい病気になったらどうしようとか考えたりします。でも、その現実から目を背けるわけにはいきません。貧困の現実は、どれだけ自分だけの力でがんばっても、なんとかならないことなのです。

しかし、いまの日本では、つらい現実の理由を、自分自身ががんばれていないせいだと思って、逆にがんばりすぎている人ばかりです。勉強をがんばってこなかったから、一流企業に入れていない。正社員として就職できていない。ブラック企業に就職してしまっている。自分はがんばれていなくて、結果が出せなくて、こういう現状なんだ、と。多くの人が自分自身のことを責めています。

すでに自分はがんばって生活しているし、これ以上のがんばりは無理だと、まずは認めることです。そして、がんばらない代わりに、社会的に支え合いましょう、そのためのしくみをつくりましょう、という単純なことです。

ふつうに学校を卒業して、ふつうに企業に正社員として就職して、あるいは正社員の夫と結婚して、ふつうに子どもたちを自分たちの力だけで育てていくという生活は、社会的な支え合いを忌避した生き方でもありました。自分や家族ががんばって稼いだお金以外に、公的なかたちでお金や公共サービスによって支えてもらいながら生活していくことは、これまでの日本では例外とされてきました。なかでも生活保護を受けることなんて、あってはならないこととされていました。しかし、いままで常識とされてきた働きかたが成り立たなくなっている以上、もはや誰もが貧困に近づいている以上、社会保障の考え方としくみもまた、変えなくてはいけない時期に来ています。社会保障を受けること、生活保護を受けることは、何ら特別なことではありません。

優等生でなくても、ふつうに生きていけるようにしたいとわたしは思います。実はこれまでの日本でも、優等生になっても、働きすぎのために、家族や自分の生活がおろそかになってしまったり、ほんとうの意味でふつうの暮らしができないことが多かったのではないでしょうか。その象徴たるものが過労死でしょう。「自分は優等生になりきれない存在なんだ」って気づきながら、「でもそれでもふつうに暮らす権利もあり、ふつうに暮らしたい。そういう社会がおかしいんだ」と、多くの人が声をあげていかなければならない時期に来ていると思います。

がんばりすぎなくても、ふつうに暮らしていける社会にしていきませんか。そのために、生活保護や社会保障のありかたを変えていきましょう。私たちの世代で変えていかないと、私たちの子どもや親しい人が同じような苦しみに直面し続けることになります。

そして、社会のしくみを変えるという方向性に少しでも関心が向いたら、ぜひ行動をしてみてください。一度ボランティアに行ってみたり、デモに行ってみたりするだけでもいいと思います。実際に貧困の現場で何が起きているのか、そこで生活する人たちが何を考えているのかを知ることで、社会保障のイメージも変わるはずです。

当事者から学び、新時代の社会福祉を

わたしは、具体的にボランティア活動に参加しながら、ホームレス状態にある方から、現状の社会保障、社会福祉の問題点を教わり、当事者視点から改革を求める必要性を学びました。社会保障や社会福祉を改善していくための取り組みやそのヒントは、必ず当事者が持っています。辛くて苦しい生活を強いられている当事者に関わりながら、一緒に社会問題に取り組む人々が増えることを願っています。本書でも指摘してきた貧困による「死」を繰り返してはいけないからです。人間らしい暮らしができていない人を容認することは、わたしたちの暮らしも脅かされるということだからです。

そして、社会福祉はまだ発展途上であり、後退させてはいけないものです。わたしたちの先輩は、常に何もない中から社会事業を当事者と共に作り出してきました。それは現代では、様々な法律や社会福祉制度、社会福祉施設になって続いています。これからも守るべきものは

守り、改善すること、作ることも合わせて取り組むことが重要です。ソーシャルワークを基盤にして、当事者に関わりながら、社会変革を促していく仲間が増えていくことを願っています。わたしたちの手で新時代の社会福祉を作り出しましょう。

あとがき

残念ながら、これまでの社会福祉は見てきたように失敗し続けています。未だに辛苦や困窮、社会的孤立などから解放されない潜在的な対象者に向き合えていません。社会福祉は、時間の経過と共に、「高齢者」「障害者」「児童」など対象を選別し、支援者側の都合で、支援と呼ばれるものを創造してきました。そのため、社会福祉の対象から漏れ、支援が必要な人は大勢存在しています。だからこそ「選別主義的な社会福祉」から「普遍的な社会福祉」への転換を目指していかなければいけないと思っています。

しかし、本書を執筆するきっかけにもなりましたが、不当な片山さつき参議院議員や一部報道機関による生活保護バッシングは、それを阻害し、社会福祉を後退させるものでした。「社会福祉は恩恵であり、それを受ける人は一部の本当に困っている特別な人であるべきだ」と。本当に困っている人、こういう人、ああいう人と選別している限り、支援が必要な人に支援の手は及びません。支援の入り口をこれまで同様に閉ざしている限り、社会的排除や社会的孤立、自殺など人々の苦しさは解放に向かいません。長い道のりになるかもしれませんが、無差別平等に社会福祉が提供されることを目指して、これからも取り組んでいきます。

そして、ソーシャルワーク理念は、「社会正義」（Social justice）を掲げています。これが何を意味するのか、何をしなければいけないのか、追求しながら生きていきたいと思っています。

最後に、二〇一二年の夏ごろから長期間、粘り強くお付き合いいただいた編集担当の坂倉昇平くんに感謝しています。彼がいなければ執筆作業は進むことなく、発刊も不可能だったでしょう。これからも長い付き合いになりますが、よろしくお願いいたします。また最後に、休日や深夜に心配しながら、執筆作業に付き合ってくれた妻にも感謝しています。

著者紹介

藤田孝典（ふじたたかのり）

1982年生まれ。社会福祉士、NPO法人ほっとプラス代表理事。2002年から東京・新宿区などで、ホームレス支援ボランティアに参加。2004年にはNPO団体ほっとポットを立ち上げ、さいたま市でホームレスの訪問活動を独自に展開し、アパート探しや生活保護の申請支援などをおこなう。反貧困運動においても、反貧困ネットワーク埼玉代表として活躍。2011年には、活動を広げるために新たにNPO法人ほっとプラスを設立。2012～13年に厚生労働省社会保障審議会「生活支援戦略と生活保護制度の見直しを検討する特別部会」にて委員を務めた。著書に『反貧困のソーシャルワーク実践』（明石書店、2010 年）。

ひとりも殺させない
それでも生活保護を否定しますか

2013年2月10日　第1刷
2014年9月10日　第2刷

著者　藤田孝典
発行者　田中涼一
発行所　株式会社堀之内出版
〒192-0355 東京都八王子市堀之内
3-10-12
フォーリア23　206号室
tel 042-682-4350　fax 042-680-9319
印刷製本　シナノ印刷株式会社
デザイン　重原隆

ISBN978-4-906708-51-2 C0036 210×148